CRAIG ELLIS

PANZER IV ON THE BATTLEFIELD 2

★ WORLD WAR TWO PHOTOBOOK SERIES ★

volume 16

Kiadja / Published by
PeKo Publishing Kft.
8360 Keszthely, Bessenyei György utca 37.
Email: info@pekobooks.com
www.pekobooks.com

Felelős kiadó / Responsible publisher
Péter Kocsis

Írta / Author
Craig Ellis

A magyar szöveget szakmailag lektorálta / Hungarian text's proofreading:
Norbert Számvéber

Printed in Hungary

Fotók / Photos
Peter Kocsis, Thomas Anderson, James Haley, Pierre Tiquet, NARA, AMC, Gelders Archief, Bundesarchiv, TsAMO, RGAKFD, HM HIM, Strategia KM, Fortepan

Kiadás éve / First published
2017

ISBN 978-615-5583-08-7
ISSN 2063-9503

KÖSZÖNETNYILVÁNÍTÁS

A kutatás, mely a könyv alapjául szolgált nem csak az én eredményem, hanem a Missing Linx fórum közösségének is köszönhető. Köszönet illeti meg az AMC csapatát, akik engedélyt adtak a gyűjteményükben szereplő képek publikálására és Kocsis Pétert, aki szintén saját gyűjteményével járult hozzá a könyv megszületéséhez. Nem utolsó sorban köszönetet mondok társamnak, Emmának.

Craig Ellis

ACKNOWLEDGEMENTS

The research evidenced in this book is not just the result of me sifting ebay daily but is due in no small part to the generous spirit found on the Missing Lynx 'Axis discussion group'. My thanks also go to the team at the Archive of Modern Conflict for permission to use photographs from their collection and to Peter Kocsis who contributed the majority of the photographs and made this book possible. Of course the last word must go to my long suffering partner Emma, who manages to cope with my 'tanking' with such good humour.

Craig Ellis

BEVEZETŐ

A rettenthetetlen Pz.Kpfw. IV megingathatatlanul szolgálta végig a második világháborút, sokszínű és összetett családfáját számos történész és makettező elemezte ki. Eme terebélyes rendszer kategorizálásának egyik legegyszerűbb módja, ha a Kurz (rövid) és Lang (hosszú) megnevezések alapján vizsgáljuk a kérdést. A német terminológiában használt szavak a harckocsi lövegcsövének valós hosszúságára, illetve a páncélos ebből eredő különböző feladataira utaltak. Bár a hivatalos harcjárműjegyzékben nem így szerepeltek, a korabeli hadrendekben, állománytáblázatokban és a műszaki jelentésekben ezek alapján különböztették meg a járműveket. E könyv kizárólag a hosszúcsövű (Lang) Pz.Kpfw. IV-ekre összpontosít, így a páncélos korai feladatkörét (a gyalogság támogatása) egy későbbi kiadványban tárgyalva, általános harckocsiként vizsgálja azt.

A Pz.Kpfw. IV eredeti feladata – amelyre tulajdonképpen tervezték – a gyalogság erőteljes támogatása volt. Erre a rövid, L/24 űrméretehosszúságú 7,5 cm-es tarack, amellyel felfegyverezték, több volt, mint megfelelő. Az, hogy a páncélost a későbbiekben ettől eltérő feladatkörben kezdték el alkalmazni, nem a teljesítményének kritikája volt, hanem a csataterek egyre növekvő fenyegetésével való szükségszerű szembenézés.

AZ L/43 ŰRMÉRETHOSSZÚSÁGÚ LÖVEG KIFEJLESZTÉSE

Miután a páncélosok olyan, még pontos tűzvezetéssel is leküzdhetetlen ellenfelekkel találták magukat szemben, amelyek erősebb fegyverzettel rendelkeztek és jobb terepjáró képességűek voltak, egyértelművé vált, hogy sokkal erőteljesebb páncéltörő képességre van szükség. A probléma nem a semmiből bukkant fel, a figyelmeztető jelek már a háború kezdete óta mutatkoztak. A gyártási eljárások és a katonai doktrína számos ponton összefűződő kapcsolata miatt azonban a probléma tényleges megoldásának kérdését elodázták. Ez azonban nem jelenthetett alternatívát, miután egyértelművé vált, hogy a keleti fronton a harcok a következő évben is folytatódni fognak.

A helyzet megmentőjének a 7,5 cm-es PaK 40 páncéltörő ágyú bizonyult. Az egyetlen rendelkezésre álló harckocsi, amelynek a tornya alkalmas volt ennek a lövegnek a befogadására, a Pz.Kpfw. IV volt. Így végül az érdekházasság nyaktörő sebességgel megköttetett. A sorozatgyártás megindítása előtt csupán néhány hónap kellett a módosított fegyver kifejlesztésére és tesztelésére, hogy ezt követően első lépésként beépítsék az Ausf. F változat tornyába. Az adott körülmények között ez mind a korábbi, mind a későbbi fejlesztésekkel összehasonlítva jelentős vállalkozásnak bizonyult.

A PZ.KPFW. IV AUSF. G KORAI FEJLŐDÉSE

Miután az L/43 űrmérethosszúságú löveg „a helyére került", az elsődleges parancs alapján a lehető leggyorsabban a frontra kellett küldeni ezt az alapvető fontosságú új fegyvert. Ebből kifolyólag az 1942-es évben – és még 1943-ban is – számtalan kisebb módosítást és változtatást találunk a harckocsi külső megjelenésében. Ezeket kezdetben az alváltozatok újabb és újabb megnevezésével, illetve az ezekre kötött szerződésekkel igyekeztek „kordában tartani". A Pz.Kpfw. IV előállítása az Ausf. G korai és úgynevezett közép időszakos gyártása során első alkalommal immár három gyártónál folyt. Ezen összefüggések tanulmányozása új megvilágításba helyezi a páncélos fejlődésének történetét.

A könyvben általam használt Ausf.F2(G) megnevezés tulajdonképpen az erre az időszakra vonatkozó válaszom, mivel ez nem volt hivatalos jelölés. Néhány korabeli szakutasításban ugyan használták az Ausf. F2 jelzést, de az 1943 júliusában kiadott utasítás értelmében már az összes Pz.Kpfw. IV Lang Ausf. G megnevezést kapott. Az Ausf.F2(G) tehát azon nagyon korai gyártású páncélosokat takarja, amelyek ugyan még a rövidéletű F2 jelölést kapták, de a későbbiekben G-re változtatták a jelzésüket.

A GYÁRAK SZEREPE A PÁNCÉLOS FEJLŐDÉSÉNEK TÖRTÉNETÉBEN

Korábban minden történelmi értekezés alapját azok a parancsok képezték, amelyeket felsőbb szintekről kaptak a gyárak. Az ezekkel kapcsolatos, megkötött szerződések tüzetesebb vizsgálata során azonban nyilvánvalóvá válik, hogy ezeket az utasításokat a gyárak nem egyidőben kezdték el végrehajtani. Ennek köszönhetően a fényképeken szereplő járművek altípus szerinti beazonosítása a szerződések ismeretében problémásnak bizonyul. Az internet robbanásszerű terjeszkedésével megjelenő fényképek ugyanakkor új megvilágításba helyezik a kérdést. A kibővült (és folyamatosan bővülő) képanyagot az utasításokkal és a szerződésekkel párhuzamosan vizsgálva számos megválaszolatlan kérdés látott napvilágot. Ezeket korábban – érthető módon – a háborús körülményekkel magyarázták, ami viszont ellentmond a parancsok szent és sérthetetlen mivoltába vetett hitnek. A gyártásban részt vevő három cég a valóságban a következők szerint tevékenykedett: vagy akkor és úgy követték az utasításokat, amikor és ahogy tudták, ami azt jelentette, hogy a különböző változtatások három különböző időpontban jelentek meg, vagy kifejlesztették a saját újításukat, amit aztán a többi gyár is utasításba kapott, vagy a saját elképzeléseik szerint jártak el. Utóbbi a Nibelungenwerke-re igaz, s minden bizonnyal földrajzi okai vannak. A Krupp és a Vomag viszonylag közel helyezkedett el egymáshoz és szoros kapcsolat állt fent közöttük, míg a Nibelungenwerke volt az „új srác a városban", és Ausztriában működött. A fentiek olyan új megvilágításba helyezik még a legismertebb, régebbi képeket is, amely jócskán leszűkíti a korábban megválaszolatlan kérdésekre adható válaszokat. A kiadvány fényképeinek ismertetői ezen szempontok alapján íródtak.

ÚJ MEGJELENÉS

Ahogy 1943 elején az Ausf. G megjelenése egyre nagyobb teret nyert, és a három gyártó többé-kevésbé azonos kivitelezéssel készítette őket, egy igen jelentős fejlesztést vezettek be a köténylemezek (Schürzen) képében. Ezeket az összes páncélosra fel akarták szerelni, hogy megfelelő védelmet nyújtsanak a szovjet páncéltörő puskák ellen.

A gyárak már a kezdetektől fogva némi eltéréssel alakították ki mind magukat a köténylemezeket, mind azok felfogatását. A kötényzet májusi bevezetésével és a következő hónapokban a páncélzat, illetve a váltómű megváltoztatásával „beharangozott" Ausf. H megjelenésével kialakult a Pz.kpfw. IV végső megjelenése.

Jól szemlélteti a táblázatban a gyártók kivitelezése közötti különbségeket a hegesztett, csavarozott majd 80 mm-re megnövelt páncélzat alkalmazása.

Hasonló idővonalat a páncélosok több más jellegzetessége alapján is felállíthatunk, beleértve a futómű feljavítását is. A köténylemezek megjelenését követően az antimagnetikus zimmerit bevonat alkalmazása volt a legjelentősebb újítás. Ezt a gyárak szintén eltérő módon oldották meg. Miután a Krupp által készített, durva felületű (gyakran „tábori kivitelezésűnek" titulált) zimmeritezés átesett a csapatpróbákon, a többi gyártó is igyekezett kialakítani a maga változatát. Ezekről a képaláírásokban értekezünk részletesebben.

A VÉG KÖZELEDTE: MEGHALT A KIRÁLY, ÉLJEN A KIRÁLY!

A háborúnak ebben a szakaszában a Pz.Kpfw. IV sorsa már pengeélen táncolt. Egy új, erősebb, nehezebb páncélzatú, hatásosabb fegyverzetű páncélos gördült ki a gyártósorról. A döntött páncélzatú, egyszerűsített tornyú Pz.Kpfw. IV fejlesztésének programját törölték. A páncélos felett Damoklesz kardja függött,

VOMAG	
Ausf. G:	▪ a páncéltesten és a felépítményen is hegesztett páncélzat, a vezető kinézőnyílása felett nincs kivágás ▪ a páncéltesten és a felépítményen is csavarozott páncélzat
Ausf. H:	▪ a páncéltest csavarozott, a felépítmény hegesztett, ▪ a vezető kinézőnyílása feletti kivágással ▪ a páncéltesten hegesztett, a felépítményen csavarozott páncélzat ▪ a páncéltesten és a felépítményen is csavarozott páncélzat ▪ a páncéltest 80 mm-es páncéllemezből, a felépítményen csavarozott páncélzat ▪ a páncéltesten csavarozott páncélzat, a felépítmény 80 mm-es páncéllemezből ▪ a páncéltest és a felépítmény 80 mm-es páncéllemezből
NIBELUNGENWERKE	
Ausf. G:	▪ a páncéltesten és a felépítményen hegesztett páncélzat, a vezető kinézőnyílása felett nincs kivágás ▪ a páncéltesten hegesztett páncélzat, a felépítményen csavarozott páncélzat ▪ a páncéltesten és a felépítményen csavarozott páncélzat
Ausf. H:	▪ a páncéltesten és a felépítményen csavarozott páncélzat ▪ a páncéltesten csavarozott páncélzat, a felépítmény 80 mm-es páncéllemezből ▪ a páncéltest és a felépítmény 80 mm-es páncéllemezből
KRUPP	
Ausf. G:	▪ a páncéltesten és a felépítményen hegesztett páncélzat, a vezető kinézőnyílása felett nincs kivágás ▪ a páncéltesten hegesztett, a felépítményen csavarozott páncélzat, a vezető kinézőnyílása felett kivágással ▪ a páncéltesten hegesztett, a felépítményen csavarozott páncélzat
Ausf. H:	▪ a páncéltesten és a felépítményen csavarozott páncélzat (zimmerit alkalmazásának kezdete) ▪ a páncéltesten csavarozott páncélzat, a felépítmény 80 mm-es páncéllemezből ▪ a páncéltest és a felépítmény 80 mm-es páncéllemezből

legalábbis mint harckocsi; alváza más feladatkörű járművek részére továbbra is kulcsfontosságúnak számított. Guderian döntése a kapacitás növeléséről azonban visszarángatta hősünket a szakadék széléről.

A KRUPP KIVÁLÁSA

Guderian új stratégiája az Ausf. H gyártásának utolsó szakaszában megváltoztatta a három gyár közötti kapcsolatot. A Nibelungenwerke jelentős bővítésen esett át, s ezzel a gyártókapacitása is nőtt. A kezdettől fő vállalkozónak tekintett Krupp fokozatosan csökkentette a harckocsik kibocsátását és végül átállt a StuG. IV gyártására. Ezáltal a Nibelungenwerke lett a Pz. IV legfőbb gyártója, mivel a Vomag már csak viszonylag kevés Ausf. J-t készített, majd teljes egészében átállt a Jagdpanzer IV programra.

Ezek a változások nagyon fontosak a parancsok és azok végrehajtása közötti, korábban említett kapcsolatok ismeretében. Az Ausf. H-kon számos olyan jellegzetesség fedezhető fel, amelyeket korábban kései, vagy korai jegynek tituláltak. Az előállított páncélosokon fellelhető jellegzetességekre figyelve ugyanakkor azt látjuk, hogy azok nem az utasításokat azonnal követő módosítások, hanem az adott gyártó által készített járművek tényleges mennyisége alapján a gyártók némileg eltérő időpontokban bevezetett változtatásai.

Magyarázatként vizsgáljuk meg a toronykötényzet rögzítését, amelyből kétfélét találunk: az egyiknek nagyobb (ezt „koraiként" tartottuk számon), míg a másiknak kisebb merevítőlemezei voltak (ez „késeiként" volt ismert). Valójában mindkét megoldás egyidőben került alkalmazásra, előbbi a Krupp és a Vomag járművein, utóbbi a Nibelungenwerke által készített Pz.Kpfw. IV-eken. Tekintve, hogy a Krupp és a Vomag több korai Ausf. H-t készített, az ő megoldásuk tűnik elterjedtebbnek, míg a Nibelungenwerke később csatlakozott a termeléshez.

AZ UTOLSÓ GYÁRTMÁNYOK – A HANGSÚLYOK MEGVÁLTOZTATÁSA

Ahogy a Nibelungenwerke lett a Pz.Kpfw. IV egyetlen gyártója, a harckocsi utolsó változatának előállításánál a fő vezérelv az olcsóság és a hatékonyság lett. Mindazonáltal néhány kisebb módosítás – mint például a közelharcfegyver (Nahverteidigungswaffe) rendszeresítése – további fejlesztést jelentett. A gyártás egyszerűsítésének jegyében a kinézőnyílások egy részét megszüntették, és a toronyforgató kiegészítő motor elhagyása, illetve a dróthálós köténylemezek alkalmazása is jelentős változtatást jelentettek. A lemezek helyett alkalmazott hálónak továbbra is a páncéltörő lövedékek eltérítése volt a feladata (a két eltérő megoldást valójában egyszerre, 1943-ban tesztelték). A háború végének közeledtével növekvő nyomás csak ekkor tette szükségessé, hogy kihasználják a hálós megoldás jelentette kisebb súlyt és hatékony anyagfelhasználást. Ugyanakkor az időtényező és az emberi erőforrás tekintetében gyártásának és felszerelésének összetett jellege miatt nehezen tekinthető költséghatékony megoldásnak.

Craig Ellis

INTRODUCTION

The indomitable Pz.Kpfw.IV (Pz.IV) gave sterling service throughout the Second World War and its complex and diverse family tree has been a subject analysed by many historian and modelers alike.

One of the simplest ways to categorise this lineage is through the binary lens of Kurz (short) and Lang (long). These German terms refer to the relative length of the vehicles' main gun and by association its differing roles during the conflict. Although not part of its official nomenclature the terms were used as shorthand to identify it in Order of Battles, unit strength reports and maintenance records. This book is solely focused on the Lang and as such looks at the vehicle in its role as a main battle tank, leaving its early employment as an infantry support weapon for a future focus.

Its initial task and the one it was designed for was to apply high explosives in support of infantry units. The short barrel L24 75mm howitzer it was supplied with proved more than competent at this. Taking the Pz.IV away from this role was not a criticism of its performance but a necessity in the face of increasing threats on the battlefield.

DEVELOPMENT OF THE L43

After encountering competitors impervious to the Panzer's accurate fire, who were capable of out-gunning and out-running them the need for a much more powerful anti-tank capability was clear. This issue did not spring from nowhere and warnings were there from the outset of the war. However due to many interrelated issues in both manufacturing procedures and military doctrine the search for an actual solution had been kicked into the long grass. However, once it was clear the fighting on the Eastern front would go into a second year this was obviously no longer an option.

The savior was to be the 75mm Pak40 and the only turret with enough capacity to receive is was the Pz.IV. So finally and with break neck speed this marriage of convenience was consummated.

It took only months from development and testing to the modified weapons being available on the production line, for initial fitting in to Ausf. F turrets. In comparison to previous and subsequent development, a remarkable undertaking in the circumstances.

EARLY PHYSICAL EVOLUTION OF AUSF. G

Once the L43 was fitted the imperative was to get this crucial new weapon to the front as soon as was possible. Consequently, throughout 1942 and into 1943 we see a myriad of small alterations and adjustments to the external elements of the tank. Previously these would have been held back and implemented in an orderly fashion in conjunction with a new Ausf. designation and a set of contracts. This evolution across early to mid Ausf.G production was the first time three different factories were involved in the production of the Pz.IV. Studying the impact of these relationships has shed new light on this development story.

My use of the title Ausf.F2(G) in the book is partly a response to this period, as it was not an official designation. Ausf. F2 was used on some manuals for initial vehicles but following an order in July '43 all Pz.IV Lang were to be designated as Ausf. Gs. So Ausf. F2(G) is useful in indicating a very early model that may have had the short lived initial F2 designation but was subsequently renamed G.

THE FACTORIES ROLE IN THE STORY OF EVOLUTION

Previously the orders sent down to the factories from on high have been the spine for all historical interpretation of change. A potential problem with this appeared when the study of contract issues to the factories revealed that they were not always distributed chronologically, which showed potential problems with the interpretation of images in relation to orders. However, since the explosion of images available through the internet another perspective has opened up. Studying this expanded photographic record in parallel to the orders and contracts throws up a number of anomalies. Previously and understandably these had been explained by the circumstances of war, which is then slightly contradictory to the strict belief in the orders as being sacrosanct.

The reality on the ground was that the three factories were mainly involved in the following behaviours: following orders as and when they could that meant changes appearing in potentially three different timelines or instigating their own changes that then were issued as orders to all factories and finally - doing their own thing. This final behaviour is probably specific to Nibelungen and may have a geographical reason. Both Krupp and Vomag were situated relatively close together with established links whereas Nibelungen was the new kid in town and based in Austria.

VOMAG	
Ausf. G:	▪ hull and superstructure welded, no cut-out ▪ hull and superstructure bolted
Ausf. H:	▪ hull bolted, superstructure welded with cut-out ▪ hull welded, superstructure bolted ▪ hull and superstructure bolted ▪ hull 80mm plate, superstructure bolted ▪ hull bolted, superstructure 80mm plate ▪ hull and superstructure 80mm plate
NIBELUNGENWERKE	
Ausf. G:	▪ hull and superstructure welded, no cut-out ▪ hull welded, superstructure welded, no cut-out ▪ hull welded, superstructure bolted ▪ hull and superstructure bolted
Ausf. H:	▪ hull and superstructure bolted ▪ hull bolted, superstructure 80mm plate ▪ hull and superstructure 80mm plate
KRUPP	
Ausf. G:	▪ hull and superstructure welded, no cut-out ▪ hull welded, superstructure bolted, with cut-out ▪ hull welded, superstructure bolted
Ausf. H:	▪ hull and superstructure bolted (Zimmerit introduced) ▪ hull bolted, superstructure 80mm plate ▪ hull and superstructure 80mm plate

A different perspective on this landscape throws new light on even the most familiar of images, allowing a more focused interpretation of visual information that previously felt very broad. It is from this point of view that the majority of this book's photographic captions are written.

A NEW SILHOUETTE

As the appearance of the Ausf. G settled down in early 1943 and all three factories were able to generate a pretty similar product a major development appeared in the form of Schürzen. The introduction of Schürzen was disseminated across all Panzer types to combat Soviet anti-tank rifles. From the outset small differences appear in how factories construct and fit it. With its introduction in May and subsequent changes in armour* and final drives over the next months that heralded the Ausf. H the ultimate form of the Pz.IV was established.

* *The change from welded additional armour to a bolted version and ultimately to solid 80mm frontal plates is a good example of factory differences. The order they seemed to change is detailed in the table.*

A similar comparative timeline could be generated for a number of different features including the order elements of the running gear were upgraded. After the fitting of Schürzen the most notable addition was the application of Zimmerit anti-magnetic paste. Again this was an alteration that factories approached in different ways. After Krupp had troop-tested it with a rough pattern often described as 'field applied' they each tried to establish a pattern. The details of this are dealt with in the photo captions, as are the ultimate designs they settled on.

ITS NEAR DEMISE - THE KING IS DEAD LONG LIVE THE KING!

At this stage of the war the fate of the PzIV hung in the balance. A new stronger, heavier armoured bread of Panzer with more potent guns was coming off the production lines. Development around a Pz.IV chassis with sloping armour and a simpler turret had been cancelled. A sword of Damocles hung above it, certainly as a battle tank, although the value of its chassis was still key to other future projects. However, the return of Guderian in a decision making capacity was to bring this venerable stalwart back from the brink.

THE HAND OVER FROM KRUPP

During late Ausf. H production Guderian's new strategy began to alter the relationship between the three factories. Nibelungen had gone through significant expansion and its production capacity had followed suit. Krupp who had been the senior partner from the start gradually reduced its outputs of tanks and ultimately converted to the production of StuG.IVs. Leaving Nibelungen as the main production facility with Vomag as a temporary smaller player producing relatively few numbers of Ausf. Js until it too stepped aside to concentrate wholly on the Jg.Pz.IV project.

This change over is important in relation to the above description of the relationship between orders and factory implementation. There are features on the Ausf. H that previous orthodoxies described as late or early. Studying the Pz.IV through the lens of factory production allows us to see these differences not as linear orders but as factory changes that were more or less common at different points in time due to the relative quantity of vehicles being generated by a specific factory.

A case in point is the design of the brackets for the turret Schürzen. There were two distinct styles; one with large internal plates supporting them, which is referred to as 'early' but actuall relates to Krupp and Vomag. And a second with much smaller plates, referred to as 'late' that actually relates to Nibelungen. In reality these were parallel designs, existing at the same time. Only because more early Hs were produced by Krupp and Vomag does their version appear more prevalent and as the production switches to Nibelungen then their style is the one that becomes more representative.

FINAL PRODUCTION- A CHANGE OF EMPHASIS

With Nibelungen now its sole manufacturer the main drivers for the last Pz.IV's version appeared to be cheapness and efficiency of construction, although small modifications aimed at enhancing the product were still implemented, like the Nahverteidigungswaffe (NDS). From the point of view of simplification the deletion of vision ports continued and the removal of the auxiliary engine and the change to mesh Schürzen were both significant moves. The mesh screens rather than solid shields did the same job of deflecting anti-tank rounds and had in fact been tested in 1943 alongside the solid shields. Only now with the pressure of the war's end did their lightness and efficient use of material become a necessity. However the complex nature of their manufacture and construction does make it difficult to see them as overall more cost effective in terms of time and human resources.

Craig Ellis

James Haley Collection

Egy korai Ausf. F2(G) karbantartása a keleti fronton az 1942-es nyári hadművelet alatt. A hosszúcsövű Pz.Kpfw. IV ekkor esett át a tűzkeresztségen. Ezen a páncéloson a helyretoló szerkezet oldalai simák, ami valószínűleg a Nibelungenwerke egyik jellegzetessége. A páncélos mellett álló kezelő a négy darabból álló, itt már összerakott csőtisztítórudat tartja. A kezdetben gyártott Ausf. F2(G)-ken ezeket párosával tárolták: kettőt a motortér oldalán, kettőt a felépítményen. A toronyra szerelt tartalék futógörgő valószínűleg szürke.

An early F2(G) on the Eastern front undergoing maintenance during the 1942 Summer offensive. This was the long barreled Pz.Kpfw. IVs introduction to combat. On this example the recuperator sides are flat, which may be a Nibelungen feature. The crewman is holding the combined barrel cleaning rods, which was now split into four sections. On initial production F2(G)s it was mounted in pairs; one on the engine side and the other on the superstructure. The wheel on the turret is probably grey in colour.

James Haley Collection

Ugyanaz a jármű, a motor karbantartása közben. A korai változatra utaló jelek a gömbalakú csőszájfék és a két, páncélozott fedőlemezzel ellátott kinézőnyílás a torony elején. A földön látható futógörgőt a torony bal oldaláról szerelték le, hogy könnyebb hozzáférést biztosítsanak a motortérhez. További érdekesség a torony másik oldalán látható futógörgő gumírozásán az illesztési sorja, illetve a sáros futógörgők fényesre csiszolódott belső gyűrűi.

The same vehicle undergoing engine maintenance. Visible features that are indicative of this early model are the ball style muzzle brake and the two armoured vision covers on the turret front. The wheel on the ground has been removed from its stowage position on the left turret side to aid access to the engine. Other interesting tyre related features are the seams on the other turret-mounted wheel and the bright polished internal rim on the muddy road wheels.

Péter Kocsis Collection

A lövegcsövet használaton kívül egy belső zárral a tetőpáncélhoz rögzítették. Emiatt tűnik úgy, mintha a harckocsi fennhordaná az orrát, s mint a képen látható, ennek köszönhető jellegzetes harctéri profilja is. Ez ugyanakkor a nyílt sztyeppén és a sivatagban még a míves álcázófestés ellenére is problémát jelentett. Fényképek bizonysága alapján úgy tűnik, hogy az Ausf. F2(G)-k túlnyomó többségét az Afrika Hadtest számára készített kétszínű terepfestéssel látták el, amelyre tábori körülmények között festettek fel egy sötétebb színt.

When not in action the long barrel was fixed to the roof by an internal travel lock. It is this lock that gives the distinctive nose up attitude to the gun and, as is evident here a distinctive battlefield profile. This was a real issue on the open vistas of the steppe and the dessert, hence the application of an elaborate camouflage scheme. Photographic evidence now seems to indicate the majority of F2(G)s were issued with a DAK two-tone scheme, over which field workshops applied darker colours.

Péter Kocsis Collection

Korlátozott mértékben, de izgalmasan felvitt téli álcájával összehasonlítva a „612”-nek feletttébb világos az alapszíne. A torony meszelés nélküli hátsó tárolódobozán két szín látható. A páncélos farára egy tartalék futógörgő és két üzemanyagkanna van felmálházva. Ezek, és a gömbölyű csőszájfék, illetve a torony oldalán kialakított kinézőnyílások arra utalnak, hogy ez egy korai Ausf. F2(G). A fénykép dátuma alapján a harckocsi legalább 1943 februárjáig túlélte a harcokat, mialatt 19 győzelmi karikát festettek a lövegcsövére.

In comparison to its limited but interesting whitewash pattern 612’s base colour is quite light. Its un-whitewashed turret bin shows two distinct tones. The rear stowage consists of a spare wheel and two jerrycans alongside the smoke discharger. Along with this item the ball muzzle brake and side vision ports on the turret confirm an early Ausf. F2(G). According to the date of this image it had survived until February 1943, which accounts for the impressive 19 kills rings recorded on the barrel.

Péter Kocsis Collection

Egy korai Ausf. F2(G) kínos helyzetben. A rárakódott kosz elhomályosította a harcászati azonosítószámát, de a motortér hátuljára erősített tartók alapján a 16. vagy a 3. páncéloshadosztály járműveként azonosíthatjuk. Ezekre a tartóelemekre egy faládát rögzítettek. A kipufógó csövét úgy módosították, hogy az abból kiáramló hő és lángcsóvák ne égessék meg a dobozt. A torony tárolódobozán egy tömlő látható, amelynek a segítségével üzemanyagkannákból lehetett feltölteni a benzintartályt. A csövet gyakran tárolták így, feltekerve a doboz oldalán.

A very precarious situation for an early Ausf.F2(G) to be in. Its turret number has been obscured by dirt but we can identify it as belonging to either 16. or 3. Pz.Div. due to the distinctive long brackets on the engine rear. These were for a large wooden box that cantilevered off the rear plate. Exhaust pipes were modified like this to avoid burning the box. Appearing from behind the turret bin is a hose used for refueling with jerry cans, it was common for it to be coiled up and stored tucked in here.

Péter Kocsis Collection

A gyártás során ebben az időszakban a torony kialakításán történt a legjelentősebb fejlesztés. A termelés felgyorsítása és a páncélvédelem növelése érdekében egy sor egyszerűsítést hajtottak végre: a torony oldalain, illetve a homloklemezének jobb oldalán megszüntették a kinézőnyílásokat. Különös a futógörgő lövegcsőre akasztott gumija, mivel ennek felhelyezéséhez szerszámgépre volt szükség; nem egyszerű feladat a személyzet számára tábori körülmények közepette. Érdekes a szürke lövegcső és a helyretoló szerkezet burkolatának színeltérése.

At this stage of production the most significant development was around the turret. A series of simplifications were introduced for speedier production and increased strength; vision ports were deleted from the sides and the right front of the turret. The spare tyres on the gun are an unusual feature, as they needed a machine to press them on the wheel. Not a job that could be done in the field by the crew. Also noticeable in that location is the difference in the tone of the grey gun barrel.

Péter Kocsis Collection

Egy, a kezelőszemélyzet által igencsak belakottnak tűnő, elnyűtt Ausf. G. A látványt csak fokozzák a sérülések és a terepszín koszolódása, akárcsak a homályosan látható toronyszám. A páncéloson nincsenek fényszórók, de a bal sárvédőn a hosszúcsövűektől szokatlan módon egy kürt látható. A torony gyártásának egyszerűsítése jegyében ezen a példányon oldalt már nem, de a homloklemez jobb oldalán még fellelhető a kinézőnyílás. Ennek a megoldásnak a fordítottjáról még nem bukkant fel fényképes bizonyíték.

A well-worn Ausf. G that has a really lived-in look about it. The weathering of its camouflage paint through mud and damage adds to this appearance, as does the indistinct turret numbers. No headlights are in place and unusually for a Pz.IV Lang there appears to be a horn fitted to the left fender. In relation to turret simplification this is an examples of the side ports being deleted before the one on the turret front right. The reverse of this has not been noted in the photographic record.

Péter Kocsis Collection

A jármű viszonylag tiszta és teljes téli álcázását csupán a jelzések körül meghagyott négyzetek törik meg, amelyek az 5. páncéloshadosztály (egy „X" a felépítmény oldalán) 31. páncélosezredét (ördögfej a tornyon) jelölik. Az alakulatra nem volt jellemző, hogy a harcászati azonosítószám csak két jegyből állt („36"). A motortér hűtőjének páncélozott takarólemezei zárva vannak, de a torony nyitott oldalajtóin keresztül jól látható a löveg zárszerkezetén a vállvédőkeret.

A relatively clean and complete coat of white wash is only interrupted by the neat boxes left around the vehicles markings. These markings indicate Pz.Rgt.31 - 5.Pz.Div. The X on the superstructure side is the Divisional symbol and the devil's head on the turret belongs to the Regiment. It is unusual for their turret numbers to be made up of only two digits (36). The armour covers for the engines vents are firmly shut but the open turret gives a glimpse of the recoil guard around the main gun.

Péter Kocsis Collection

Ennek a páncélosnak a lövegpajzsán olyan terelő látható, amelyet csak egy igen rövid ideig alkalmaztak az 1942 júniusa és júliusa közötti időszakban használt hosszú változat helyett. Ez a megoldás eddig csak a Nibelungenwerke által gyártott Ausf. G-ken tűnt fel, s bár a járművön vannak különböző ismertetőjegyek, a gyártás ezen pontján nehéz különbséget tenni a Nibelungenwerke és a Vomag gyártmányai között. A megoldást sejtető alvázszámnak tűnő szám bosszantó módon sehogysem illik a Pz.Kpfw. IV-ek alvázszám-rendszerébe.

There is a type of aerial deflector on this vehicle that was only fitted for a very limited period. It replaced the long windy deflector that was used from June to July 1942. So far this rare item has only been seen on Nibelungen Ausf.Gs and there are identifying features here but it is difficult at this specific point in production to distinguish between Nibelungen and Vomag. What appeared to be a helpful Fgst. Nr., frustratingly, doesn't match the form of Pz.IV chassis numbering in any way.

Bal hátsó nézetből jól látható a csőtisztító rudaknak a Nibelungenwerke és a Vomag által is használt tartója. A rudak alatt a feszítővas látható, amit a Nibelungenwerke a lánctalpfeszítő-szerszámra cserélt. Úgy tűnik, ez a csere egyidőben történt a lövegpajzs terelőjének előbb említett változtatásával, illetve azzal a periódussal, amikor a Nibelungenwerke fordítva szerelte fel a lánctalpakat.

From the left rear the style of cleaning rods bracket shared by Nibelungen and Vomag can be seen. Below it is the long crowbar, which Nibelungen swapped with the track-tensioning tool. This swap appears to have happened during the same time period as the aerial deflector described opposite was fitted, as it is seen along with both items in that location and with the reversed tracks employed by Nibelungen around the same time.

Péter Kocsis Collection

A leegyszerűsített torony vonalait megfigyelve láthatjuk, hogy a kinézőnyílások megszüntetése miképp javította a szerkezeti egységet. A helyretolószerkezet a gyártás során többféle borítást kapott, az itt látható, lecsapott élű változat a Krupp terméke. Újfent tisztán kivehető a világosabb szín, de az sajnos nem megállapítható, hogy pontosan melyik DAK változat került alkalmazásra. A legelső Ausf. G-k elkészültét követően azonban a RAL8020/RAL7027 egyre inkább egyeduralkodóvá vált.

Studying the lines of the simplified turret can give a sense of how the removal of the visors improved its structural integrity. There were different styles of recuperator housing evident throughout production. The type here, with its chamfered edges seems to be associated with production at Krupp. Again the overall lighter tone is clear but which DAK scheme was being applied is hard to judge. However after initial G production the lighter combination of RAL8020/RAL7027 is more prevalent.

A „Mark IV Special" – ahogy az angolok nevezték – számára már az Afrikába érkezéskor veszélyt jelentett könnyebb páncélzata. Magassága azonnali célponttá tette, ezért ennek elkerülése miatt változtatni kellett a páncélosok harceljárásain. A tartalék futógörgő megnövelt tartója alapján ez a harckocsi a 10. pc.ho. 8. páncélosezredéhez tartozott. Figyeljük meg a csőtisztító rudak rögzítőjét, amelybe annak összes elemét egybe lehetett málházni! Ez, a korábban „koraiként" ismert kivitelezés, valójában a Nibelungenwerke és a Vomag jellemzője volt.

With its arrival in the desert the 'Mark IV special', as it became known to British troops, posed an immediate threat to their lighter armour. Their prominent profile meant they became an immediate target and Panzer tactics were modified to mitigate this attention. The extended spare wheel bin indicates this early G belonged to 10.Pz.Div-Pz.Rgt.8. Note also the brackets for all cleaning rods. Previously know as 'early' this style was used by both Nibelungen and Vomag, but not Krupp.

Péter Kocsis Collection

A következő nyolc oldalon a 116. páncélososztály Ausf. G-it látjuk. A legközelebbi „421”-es (lásd 23. old.) a Krupp gyártmánya. A legtávolabbi, „43?” toronyszámú páncélos túl elmosódott ahhoz, hogy megállapítható legyen a gyártója. A „412” a Nibelungenwerke gyárában készült, mivel ködgránátvetőkkel, kisebb méretű, kétfelé nyíló fedéllel szerelt parancsnoki kupolával rendelkezik és a lánctalpfeszesség beállításához szükséges szerszám a bal oldali sárhányó hátsó részén van rögzítve.

The next eight pages show Ausf. Gs from one unit (Pz.Abt.116). Nearest is 421 (see opposite), which is a Krupp production and then in the centre is 412, which is from Nibelungen production. Any identifying features on the furthest vehicle, 43- are too blurred to spot. 412 is easy to identify as Nibelungen as it has smoke candles mounted with the smaller cupola with a split hatch, also the track tensioning tool is now on the left rear fender.

1942-1943 telére az Ausf. G-k külső elemein a gyártók különböző módosításokat hajtottak végre, illetve hagytak ki. Ezen a Krupp Ausf. G-n a csőtisztító rudak rögzítői a másik két gyártótól eltérően fejjel lefelé, fordítva vannak felhelyezve, Bosch-lámpával és osztott csőszájfékkel szerelték fel, a tartalék futógörgőket pedig tároló dobozban helyezték el, ám még nincs rajta a 30 mm-es kiegészítő frontpáncélzat. A másik kizárólagos Krupp jellegzetesség: a torony emelőkampója alatti csavar, amely a füstgránátvető rögzítő furatát zárta le (lásd 61. oldal).

By Winter 1942/43 the tinkering with the Gs external elements had settled down enough for it to feel like an actual design, although factories had specific differences and omissions. This Krupp G has its cleaning rods mounted in their upright style of bracket, Bosch headlights, acorn muzzle brake and wheel bin but has no additional 30mm frontal armour. It does have another specific feature only seen on Krupp; a bolt just below the turret-lifting hook that blocked the hole for the smoke candles (see page 61).

Péter Kocsis Collection

▲
A kiegészítő frontpáncélzatot már 1942-ben bevezették, de csak 1943. januárban látott napvilágot az utasítás, hogy az összes páncélosra szereljék fel. A hegesztett változatú pótpáncélzatot a vezető kinézőnyílása feletti, illetve a vontatószemek körüli kivágásról lehet a legkönnyebben beazonosítani. Az ágak között kivehető a tisztítórudak rögzítése, ami eltér a szemközti képen látható megoldástól. A gallyak eltakarják a Bosch-lámpa vezetékezését, de a lövegpajzs hajlított terelője és a tisztítórudak rögzítése alapján ez a páncélos a Vomagnál készült.

▲
Additional frontal armour was slowly introduced across 1942, the order to fit to all was not issued until Jan 1943. The cut-outs above the driver's visor and around the tow points are the easiest way to spot the welded style. In comparison to the image opposite the different arrangement of the cleaning rods is just visible through the hastily applied camo. These bushes cover the Bosch cabling but the combination of the bent aerial deflector and cleaning rod brackets indicate Vomag.

Péter Kocsis Collection

Ebből a szögből jól látható a Bosch-lámpa Vomag által kivitelezett csatlakoztatása: a vezeték kimeneti nyílása előrébb van a fényszóró vonalánál, ezért némileg hátrafelé hajlik. Meglepő módon a torony oldalán még megtalálható a kinézőnyílás, holott a páncélos többi jellemzője már későbbi jegyeket mutat. A 116. páncélososztályt az 1942 nyári hadművelet alatt a 16. (gépkocsizó) gyaloghadosztály alá rendelték. A Kaukázusban vívott harcok során a német egységek közül ez a két alakulat jutott a háború során a legmesszebb keleti irányban.

From this angle the Vomag style of Bosch headlights mounting is clear, the cable bends rearwards as it exits the glacis plate before heading up to the headlight mount at an angle. What is unusual is the turret having side visors in conjunction with later chassis features. Pz.Abt.116 was assigned to 16.Inf.DIv.(mot) during the 1942 Summer offensive and while fighting with this unit in the Caucasus managed to push the furthest East of any German unit during the war.

James Haley Collection

A 16. (gépkocsizó) gyaloghadosztály jelvénye (a szemközti képen nincs felfestve a páncélosra) nemrégiben kerülhetett fel a homlokpáncélra, mert a jármű többi részéhez képest szinte ragyog a tisztaságtól. A „411" a Vomagnál készült, ennek egyetlen látható jele van: az emelő szögletes, merevítőborda nélküli talplemeze (a későbbiekben többet is felfedezhetünk). A hasonló fényképeken olyan részleteket is szemrevételezhetünk, mint a búvónyílások fedelét rögzítő drót, vagy a párhuzamosított géppuska okozta kormozódás a löveg helyretolószerkezetének borításán.

The unit symbol of 16.Inf.Div.(mot), does not appear to be present opposite and its brightness may be explained by a fresh application as the rest of the vehicle is quite grimy. 411 was built at Vomag, the only factory indicator visible is the square jack foot with no strengthening ribs but others are clearer on the following pages. A close up like this reveals small details of daily life, such as the wire used to keep the hatches shut and the soot on the recuperator housing from the co-axial MG.

Péter Kocsis Collection

Újabb fénykép a „411”-ről, amelyen tisztán látható a Bosch-lámpa vezetékezése. A rádiós mögött látható, hogy az antenna terelője a lövegpajzs jobb szélének aljához van rögzítve. Ez a Krupp és a Vomag által gyártott Pz. IV Ausf. G-k jellemzője. A lánctalp egyes tagjaira kapaszkodókarom van rögzítve, ami azt sugallja, hogy a kép 1942 őszének második felében készülhetett, és a katonák már a télre készülnek, arra a télre, melynek során a Sztálingrád körüli örvény és a vihart követő visszavonulás magával ragadta az egységet.

Another image of 411, with a better view of the Vomag Bosch cables. Also behind the radio operator the aerial deflector bends down to meet the mantlet on the bottom right hand corner, which was evident on both Krupp and Vomag Ausf.Gs. Ice cleats are fitted to the tracks, which may indicate these images were taken in late Autumn 1942 during preparations for the coming winter. A winter that would see the unit caught up in the maelstrom around Stalingrad and the subsequent fighting withdrawal.

Péter Kocsis Collection

Nemrégiben fedeztem fel, hogy az emelő hátsó rögzítőjének elhelyezése is segíthet a gyártó beazonosításában: a Nibelungenwerke teljesen hátulra helyezte a rögzítőt, a Vomag középre (fent), a Krupp előre. A 16. oldalon látható páncélos beazonosítása azonban nehézkes, mivel az emelő első rögzítőjét nem szabályosan helyezték fel. A jármű belső színe sötétebb, mint a külső (a 26. oldalon a felépítmány nyílásainak esetében ugyanez figyelhető meg). Bár ebben az időszakban gyakorta használták ezt a belső színt, nem tekinthetjük kizárólagosnak (lásd 10. oldal).

A small factory feature I have recently uncovered is the location of the jack's rear bracket; rear = Nibelungen (page 13), middle = Vomag (above) and forward = Krupp. The example on page 16 is hard to distinguish as the front bracket is incorrectly placed. The open side hatch reveals the door interior as a darker colour, page 26 shows this is the case on the superstructure hatches too. Although this internal colour is common during this period it is by no means universal (see page 10).

A lenyugvó nap fénye kiemeli a szürke lövegcső és a páncélos alapszíne közötti különbséget. A szemközti fényképpel összevetve látható, hogy ez a szürke valamivel világosabb, mint a búvónyílások belső felületén használt árnyalat. A sorozat képein jól nyomon követhetjük az 1942-1943-ban rendelkezésre álló egyenruhák sokaságát. A legtöbb katona a fekete egyenruhához nád zöld nadrágot, vagy a nadrág felett viselt álcázó pantallót visel.

As the low sun catches the gun it reveals the contrast between the grey gun barrel and the overall colour that extend to the armoured sleeve but no further. When comparing with the image opposite this grey is a bit lighter than the colour used on the inside of the hatches. Through this series of images the variety of uniform available by 1942/43 is evident. Most still have some black element in combination with the reed green trousers or denim over trousers seen above.

Péter Kocsis Collection

Kiváló lehetőség, hogy összehasonlítsunk két, egyazon időszakban (1942. december – 1943. január) készült járművet. Az itt látható, Krupp gyártású páncéloson három, a gyártóra utaló jellegzetességet figyelhetünk meg: az antenna felfelé hajlított terelőjét, a „fordítva" összekötegelt tisztítórudakat és a Bosch-lámpa vezetékét, amelynek kimeneti nyílása egy vonalban van magával a lámpával. A harckocsin már látható a 30 mm-es pótpáncélzat. A rakparton álló katonák egyenruhája alapján ez a harckocsi épp beérkezik az afrikai hadszíntérre.

A nice opportunity to compare two vehicles from a similar production period; around Dec 1942- Jan 1943. The Krupp vehicle above has three key identifiers visible; the bent aerial deflector the stacked cleaning rods and the little kink allowing the Bosch cable to exit the glacis plate perpendicularly. The additional 30mm armour is in place with the majority of vehicles leaving production with it by this point. Judging by the uniforms on the quayside this vehicle was arriving for DAK service.

Péter Kocsis Collection

Ezen a páncéloson megfigyelhetjük az előző képen ismertetett három jellemző eltérő kivitelezést: az antenna terelője egyenes, a csőtisztító rudak „normál" helyzetben vannak és a Bosch-lámpa vezetéke előrefelé van hajlítva, hogy belecsatlakozzon a lámpatestbe. A leglényegesebb jellegzetesség azonban, amely alapján beazonosítható a gyártó Nibelungenwerke, a fordítva felhelyezett lánctalp. Amint azt a 22. oldalon már említettük, a Nibelungenwerke volt az első, amely ködgránátvetőket szerelt a torony oldalára.

Those same three elements are configured differently here; the aerial deflector is horizontal, the cleaning rods lie against the engine side with the lowest protruding and the Bosch cables have to stretch to meet lights mounted further forward and away from the fender edge. Also it has the key Nibelungen feature of fitting the track backward. As mentioned on page 22 Nibelungen were the first to mount turret smoke candles.

Péter Kocsis Collection

A ködvetők, a szögben rögzítetett terelő és az egytagú zárófedéllel felszerelt, kiegészítő páncélzattal ellátott parancsnoki kupola alapján ezt a páncélost a Krupp gyártotta 1943 márciusa és áprilisának eleje között. A Bosch-lámpa vezetékének íves kialakítása egy korábbi megoldás továbbfejlesztése. A hiányzó antennavédő tok helyén jól látszik a világosabb alapszín, illetve megfigyelhetjük, hogy a hasábkeresztet előbb festették fel, mint a sötétebb álcázószínt. Érdekes, hogy a harcászati azonosítószám első, a századot jelölő jegye eltérő stílusú.

With the combination of smoke candles, angled aerial deflector and cupola with one-piece hatch (up-armoured) only Krupp production between March and early April is possible. The curvy style of the Bosch headlight cable is an evolution from an earlier design and confirms this factory is its source. With the aerial trough lost the light base coat appears, showing the Balkenkruez was applied before darker camouflage colours. The Kompanie number differingfrom the others is unusual.

Péter Kocsis Collection

A kurszki hadműveletre való felkészülés során a tábori javítóműhelyek jelentős feljavítást végeztek a harckocsikon. Az úgynevezett korai és közép időszakban készült Pz.Kpfw. IV Ausf. G-ket köténylemezekkel szerelték fel. A torony kötényezésének tartói ekkor még egyszerűsítve készültek, nem volt bennük merevítőlemez. Ez jól megfigyelhető a páncélos jobb oldalán, ahol a katona kapaszkodik. Akárcsak a korai, gyári kivitelezés esetében, itt is csupán két csavar rögzítette a lemezt. Ezen a korai gyártású Ausf. G-n kiegészítő pótpáncélzat látható.

During the early Summer of 1943, in preparation for the make-or-break offensive at Kursk, a significant upgrade scheme was implemented in field workshops. Early and mid Ausf.Gs manufactured without Schürzen had it fitted. The upgrade used simplified brackets on the turret, with no infill supports. These can be seen on the left where the soldier is holding on. Like initial factory shields only two bolts were used. Additional armour is fitted to this early G.

Péter Kocsis Collection

Mivel a parancsnoki kupola fedele zárva van, nehéz észrevenni a zsanérokat, az arányok azonban segíthetnek a beazonosításban. A harcászati azonosítószámok stílusa alapján ez a Nibelungenwerke gyártású Ausf. G valószínűleg a 20. páncéloshadosztály járműve volt. Nem egyértelmű, mi történik a képen: úgy tűnik, hogy néhány katona az Sd.Ah. 116 trélert igyekszik kiásni a fellazult talajból, míg a személyzet tagjai a harckocsi lánctalpát szerelik le, rövidebb szakaszonként.

A hard to spot upgrade, as the hatch is closed and out of focus making the two hinges difficult to identify but the more upright proportions of the cupola give it away. The style of turret number means this Nibelungen Ausf. G probably belonged to 20.Pz.Div. It is unclear what was actually happening here; some of the crew seem to be digging the recovery trailer (Sd.Ah.116) out of the soft ground, while others are removing the track from the Panzer in short sections.

Péter Kocsis Collection

Ez a Nibelungen Ausf. G a toronykötény hiányzó csavarjai miatt szokatlan. A ködgránátvetők megléte és az antenna vízszintesen rögzített terelője a parancsnoki kupola kétszárnyú zárófedelével megerősíti a gyártót, a vezető kinézőnyílása feletti kivágás pedig 1943. február – március környéki gyártási időpontra utal. A fénykép készítésének ideje a „C" vonószemek miatt későbbre tehető. A páncéltest kötényzetén látható két sötét folt egy szovjet 14,5 mm-es páncéltörő puska találatait jelzik; pontosan ezek miatt fejlesztették ki a köténylemezeket.

This upgraded Ausf. G from Nibelungen production is unusual due to the lack of bolts on the turret Schürzen. The presence of smoke dischargers and a horizontal aerial deflector with a split cupola hatch confirm this and the cut-out above the driver's visor would date it around Feb-March 43. The actual date of the photograph must be later because of the C-hooks. The two dark spots on the hull Schürzen are penetration marks from the Russian 14.5mm anti-tank rifle they were designed to tackle.

Bundesarchiv

Ismerős kép, de vizsgáljuk most a gyártási különbségek és feljavítások szemszögéből! A 11. páncéloshadosztály korai, feljavított és kései gyártású Ausf. G-i vegyesen a 9. és a 6. század állományából. A magasból letekintve jól látható a tábori kivitelezésű feljavító „készlet". A „921"-es harcászati azonosítószám a torony oldalára és a köténylemezre is felkerült. Ez is alátámasztja, hogy tábori feljavításról van szó. Mindkét páncélost a Vomag gyártotta (lásd a tisztítórudak rögzítését és a feszítővas elhelyezését a bal oldalon!). A „632"-es korábban készült, mint a „921"-es. Figyeljük meg a toronymozgató motor kipufogócsövének helyzetét!

Some familiar images but viewed through the understanding of factory differences and upgrades. 11.Pz.Div. mixed up early Gs, upgraded Gs and late Gsin the 9. and 6.Kompanie. From an elevated angle the simple brackets of a field upgrade 'kit' are clear. 921's number is applied to the turret and the Schürzen; a good indication of upgrading. Both are from Vomag production (style of cleaning rods and crowbar on left). 632 is earlier than 921; note the direction of the pipe from the turret exhaust.

Bundesarchiv

A „911"-es a Bosch-lámpa íves vezetéke és a pótpáncélzat – amelyen még látható a vezető kinézőnyílása feletti kivágás; a többi gyártó ekkor már kivágás nélküli lemezt alkalmazott – alapján egy, a Krupp által 1943 májusában gyártott kései Ausf. G. A parancsnoki kupola egytagú zárófedele jobbra nyílik. Ez a Krupp kései Ausf. G-inek rövidéletű jellegzetessége volt. Ebben az időszakban a nyílás iránya változó volt, de csak a Krupp-é nyílt jobbra. A három aláhúzott sávot a hadosztály ideiglenes jelzésként használta a kurszki hadművelet alatt.

911 is a late Ausf.G from May 1943 production at Krupp as indicated by curved Bosch cables, along with additional armour that still has a cut-out above the driver's visor. Other factories now used a solid plate. The single piece cupola hatch opens to the right, a short-lived feature on Krupp late Gs. The direction of opening varied at this point but only Krupp's open to the right. The three underlined bars are the temporary marking adopted by the Division for Kursk and used through out 1943.

RGAKFD

A következő két képen egy kései gyártású, kiégett Pz.Kpfw. IV Ausf. G-t láthatunk az ukrajnai Gorlovkában, amelyet a Vomag gyártott 1943 áprilisában. A gyártási hónap az alapján azonosítható be, hogy az új parancsnoki kupolát és tetőlemezt áprilistól kezdték alkalmazni, de a később, a májusban gyártott Ausf. G-k vezetőnyílása felett már nem volt kivágás a pótpáncélon. A torony oldalára ködvetőket rögzítettek, a Vomag a többi gyártóval egyetemben ténylegesen csak ebben a keskeny időrésben alkalmazta ezeket így.

These images show a wrecked and burnt out late Ausf.G in the village of Gorlovka in Ukraine. It comes from Vomag production during April 1943. It is possible to identify that specific month as the new cupola and roof were fitted in April and Gs produced in May had no cut-out above the diver's visor, so it fits in that specific time frame. Smoke dischargers are fitted to the turret cheeks, in fact this narrow window is the only point Vomag was able to fit them, alongside the other factories.

A tisztítórudak rögzítői mellett további, a gyártóra utaló markerek is láthatóak. A toronykötény hátsó lemezét átfedő hátsó ajtószárny a Krupp és a Vomag jellegzetessége volt. A kötényzet bevezetésekor még két-két csavarral rögzítették a tartókat. További érdekes jellemző a parancsnoki kupola hátrafelé nyíló zárófedele és a torony hátsó tárolódobozára festett horogkereszt. A köténylemezt ért tűz okozta sérülések felfedik, hogy a harcászati azonosítószámot legalább három esetben megváltoztatták.

As well as the cleaning rod brackets other factory specifics are visible on the turret Schürzen. The fact that the rear door overlaps the rear panel was specific to Krupp and Vomag Schürzen. Pairs of bolts were used to fit the initial brackets. Other interesting features are the rear opening cupola hatch and a painted swastika on the lid of the turret bin. Markings are revealed on the Schürzen side by the fire damage that indicate the turret number was changed at least three times.

Péter Kocsis Collection

A következő két képen a 31. oldalon is látható Nibelungenwerke jellegzetességek többsége felfedezhető, szemléltetve, hogy ezeket a kései Ausf. G-k gyártása során is alkalmazták. A kötenypáncélzat, az új tetőlemez és parancsnoki kupola, valamint a kivágás nélküli pótpáncélzat a májusi gyártás során bukkant fel. A képen látható roncson – a szemköztitől eltérően – helyesen van felszerelve a lánctalp. Ekkor kezdték el alkalmazni az új, kiszélesített dupla csőszájféket, bár ennek bevezetése nem történt meg egységesen.

Both these images have most of the same Nibelungen specific features seen on page 31, showing they were carried in to late Gs production. The addition of Schürzen, new roof and cupola and additional armour with no cut-out appear during production in May. The demolished wreck above has its tracks fitted normally, which is not the case on the page opposite. A new muzzle brake with double baffle and extended sides started to be fitted, although its introduction was inconsistent.

Péter Kocsis Collection

Egy tisztán kivehető találat, amely elsöpörte a toronykötényzet első elemét, jól illusztrálja a Pz.Kpfw. IV tornyának viszonylagos törékenységét. A páncéloson álló katona mögött látható az utolsó tartóelem, amely a Nibelungenwerke gyártmányaként azonosítható. A belső merevítőlemez pontosan ugyanolyan volt, mint a többi gyártó által készített, de azokkal ellentétben a Nibelungenwerke változatánál a tartókeret nem követte a merevítőlemez vonalát, hanem egy kisebb rést képezve a köténylemez felső széléhez csatlakozott.

The relative fragility of the Pz.Kpfw. IVs turret is adequately illustrated here with a clean penetration, which has removed the front of the Schürzen. Behind the standing crewman is the last Schürzen bracket and its silhouette shows a Nibelungen specific design. The infill was the same shape as the other factories but rather than following this shape the Nibelungen bracket met the top of the Schürzen plate creating the gap seen here.

Thomas Anderson Collection

A „832”-nek javítás vagy karbantartás miatt kiszerelték a motorját. „Kihagytam valamit?” – viccelődik a személyzet egy alkatrész fölött. Az egység katonái a páncéltest kötényzetének első és utolsó lemezét behajlította, hogy nehogy megszoruljanak és így elveszszenek. Az ötletet több alakulat is átvette; a legismertebbek az 1. „LSSAH” SS-páncélgránátos-hadosztály és az 1. páncéloshadosztály. A tartók rögzítőpontjai nem voltak megfelelőek, ezért 1943 szeptemberében mind a tartósínt, mint a rögzítési pontokat áttervezték. Érdekesek az olyan apró kiegészítők, mint például a vontatókábelek összefogására szolgáló lánc.

832 with its engine removed for repair or maintenance. ‘Forgotten something?’ the crew joke over some small parts. This unit has bent in the first and last hull shields to try and avoid snagging and therefore loosing them. This idea was adopted by a few units; notably LSSAH and Pz.Rgt.1. The fixing points were inadequate and a full redesign of the rails and their attachments occurred in Sept ‘43. Small details such as the chain for holding the tow cables together are a nice touch.

Thomas Anderson Collection

Egy, a köténylemezeitől megszabadított, Nibelungenwerke gyártású Ausf. G az előző képen is látott javítóbázison. A torony tárolódobozát elnézve lesz mit javítani. A viszonylag közeli képen jól látható a gyárilag fordítva felhelyezett lánctalp és a bal oldali sárvédőre helyezett lánctalp-feszesség beállító szerszám. A hasábkeresztből hiányzó rész a leszerelt köténytartó elem helye. A harcászati azonosítószám jellegzetes „7"-e az 1. „LSSAH" SS-páncélgránátos-hadosztályt valószínűsíti.

In the same field workshop a Nibelungen G has had all its Schürzen removed. Judging by the shrapnel holes in the turret bin there would have been little to replace. The factory features of reversed tracks and the track-tensioning tool on left fender show up well on this relative close-up. Studying the Balkenkreuz on the superstructure side reveals a void where the missing hull Schürzen bracket would have been. The distinctive 7 indicate LSSAH as a possible unit.

Ezek a képek megfogják a csatatér múlandóságának pillanatát. A napfény beragyogja a szétroncsolt Ausf. G maradványait, amely már csak hétköznapi útjelző a mindennapi rutinjukat végző győztesek számára. A helyszín az olaszországi Salerno 1943. október 9-én, a páncélos pedig a tornyon látható, az álcázóanyagok lekötözésére szolgáló gyűrűk alapján a 16. páncéloshadosztályhoz tartozott. A jármű állapota megnehezíti a beazonosítást, de a kötényzet három csavarja és a Bosch-lámpa vezetékezése alapján Vomag vagy Krupp gyártmány lehet.

These desolate images capture the impermanence of the battlefield, the sun bleached remains of this shattered Ausf. G are now just a routine landmark for the victors as they pass it going about their daily life. The location is Salerno Italy, the date 9.10.43 and the unit 16.Pz.Div, as indicated by the wire loops on turret to hold foliage. The state of the vehicle makes identification hard but the pattern of the three Schürzen bolts and the Bosch cable support either Vomag or Krupp production.

NARA

Péter Kocsis Collection

A következő hat fénykép a 2. „Das Reich" SS-páncéloshadosztály egyik veteránjának a hagyatékából származik, aki a hadosztály páncélosezredének 6. és 8. századában is szolgált. A kurszki hadművelet alatt az egység által használt ideiglenes jelzés a bal oldali első sárvédőn látható. A képsorozaton kései gyártású Ausf. G-k és korai Ausf. H-k szerepelnek a keleti fronton 1943-ban. Ezen a képen egy 1943 áprilisi gyártású, a Vomagnál készült Ausf. G látható. A gyártót a szögben rögzített terelő és az emelő erősítés nélküli talpa alapján lehet beazonosítani.

The next 6 pages come from a collection of images from the estate of a crewman who fought with both 6. & 8. Kompanie of 2.SS Pz.Div. 'Das Reich'. The temporary marking adopted by this Division during the Kursk offensive shows up on the left mud flap. This series shows late Gs and early Hs operating together on the Eastern front in 1943. Above is a late Ausf. G, April '43 build from Vomag. As well as the angled deflector the jack foot without any strengthening ribs is symptomatic of this factory.

Péter Kocsis Collection

A „833"-as kései gyártású Ausf. G a Nibelungenwerke-nél készült, még fordítva felhelyezett lánctalpakkal, megfordított tűzoltókészülékkel, vízszintesen rögzített terelővel és a pótpáncélzatán nincs kivágás a vezető kinézőnyílása felett. A gyártási időpont (1943. május) megállapításánál kulcsfontosságú elem a pótpáncélzat kivágásának hiánya. Ez a közeli kép kiváló rálátást biztosít a bal oldali vonószemhez rögzített, a tartalék lánctagokat tartó rúd csavarozására. Figyelemfelkeltő a lánctagok felfekvő felületének fényessége.

833 is a late G from the Nibelungen factory, still with reversed tracks, reversed fire extinguisher, horizontal aerial deflector and no cut-out above the driver's visor. The lack of a cut-out is key within this combination of featuresin indicating May '43 as the production date. This nice close up allows a rare detailed view of the bolt like device that fixed the retaining bar across the hull spare tracklinks to the left towing point. Also the amount of polish on the tracks is striking.

A daruval felemelt toronynak köszönhetően jól látszik a toronykosár. A toronnyal együtt forgó dobogó jelentős előrelépést jelentett a háború kezdetekor használt, kevésbé jól megtervezett elődökhöz képest. A szabadon látható belsőn megfigyelhető egy apró érdekesség: a kosár jobb oldali tartólábára erősített doboz, amely a tartalék géppuskacsövet rejtette magában. Ez bármilyen más szögből nézve rejtve marad. A Vomag volt az első gyártó, amelyik egy harmadik csavart is használt a toronykötényzet rögzítéséhez.

With its turret hoisted clear of the superstructure the design of the turret basket is obvious. This rotating crew compartment had been a major advantage over less well-engineered adversaries at the start of the war. One small feature that is evident, with the turret free, is a case for spare MG barrels mounted on the outside of the right basket support. From any other view this features is virtually invisible. Vomag was the first to add a third bolt to the Schürzen fixings.

Péter Kocsis Collection

Ezúttal egy Sd.Kfz. 9/1-re szerelt kisebb, 6 tonna teherbírású daru segítségével emelték fel a tornyot. Más fényképeken a tornyot a kosár nélkül emelik, így ebben az esetben valószínűleg a toronykosár mechanizusával történhetett valami. Az álcázásként felerősített növényzetet nézve a lövegcső végén ücsörgő bátor szerelőnek kényelmesen kellett elhelyezkednie, mivel munkája hosszadalmasnak ígérkezhetett.

Another attempt and this time the support for the turret is given by a Sd.Kfz. 9/1, which had a smaller 6ton Bilstein crane mounted. There are other images of turrets being lifted clear without the basket attached, so there must have been an issue with it mechanics for this exercise to be needed. The brave mechanic on the end of the barrel might need to get comfortable, as judging by the foliage being applied as camouflage it looks like it has been predicted for the job to take some time.

Péter Kocsis Collection

A harcászati azonosítószám apró, de fontos megváltoztatása mutatja, hogy a páncélosokat ebben az időszakban oda-vissza vezényelték a 6. és a 8. század között. Ezen a képen a hadosztály-jelzés sötétebb, mint a jármű alapszíne, ami ellentétes a 46. oldalon látottal. Az alig kivehető, ferdén rögzített terelő és a ködgránátvető alapján ezt a kései Ausf. G-t a Vomag vagy a Krupp gyártotta.

The small but significant addition to this vehicles turret number shows us that vehicles were transferred between the 6. and 8. Kompanie, during this period. In this image the colour of the Divisional marking is darker than the vehicle's base colour, which runs contrary to the image on page 46. A slopping aerial deflector and smoke dischargers can just be made out, indicting a late Ausf.G of either Vomag or Krupp lineage.

Péter Kocsis Collection

Egy korai Ausf. H új kihajtással és meghajtókerékkel. Az oldalpáncélra szerelt szűrő (Filzbalgfilter) némileg megsérült. A páncélos felépítményének homlokpáncélján csavarozott pótpáncélzat van, a páncéltest elejét azonban sajnálatos módon eltakarja a felettébb vidámnak tűnő személyzet. A toronykötényzet első tartójának csavarozása alapján ez a harckocsi a Krupp vagy a Vomag gyártmánya, más ismertetőjegy nem fedezhető fel. A korai Ausf. H-kra már nem szerelték fel az antenna terelőjét.

An early Ausf H with the new style of final drive and sprocket fitted. The Filzbalgfilter has taken a bit of a battering. It has bolted additional armour fitted to the superstructure front unfortunately the style on the hull front is obscured by the exceptionally jolly crew. The arrangement of bolts on the front turret bracket indicates either Krupp or Vomag production but no other definitive feature are visible. The aerial deflector was dropped from the recuperator housing on early Hs.

Péter Kocsis Collection

A 2. pc.ho. Krupp gyártmányú Ausf. G-je Orelnél, a kurszki hadművelet előtt. A májusi gyártás során újabb csavarpárral erősítették meg a torony kötényzetének tartóját. A Nibelungenwerke páncélosainál a két oldal csavarjai egymás tükörképei voltak, a középső csavar hátrébb került. A Vomag szintén így helyezte el a csavarokat, de a középső az első tartón előre került, a hátsón hátulra. A Krupp a gyártmányain ezeket vegyesen alkalmazta: a jobb oldalon ugyanúgy, mint a Vomag, a bal oldalon (ebben az esetben) úgy, mint a Nibelungenwerke.

A 2.Pz.Div. Krupp Ausf.G is seen in Orel, the relaxed crew indicating it is just prior to the Kursk offensive. During May production an additional bolt was added to the pairs used to attach the turret Schürzen brackets. Nibelungen mirrored each side with all central bolts stepped back, Vomag also mirrored theirs with the central bolt forward on the front group and backward on the rear group. Krupp mixed it up with the right the same as Vomag and the left (seen here) the same as Nibelungen.

NARA

Ismét egy Krupp gyártású Ausf. G-t látunk, ezúttal az olaszországi fronton. A brit katonák szuvenírek után kutatnak a roncsban. A két páncéloson (ezen és az előző képen láthatón) gyakori ismertetőjegyeket figyelhetünk meg: a toronykötény hármas csavarozását, a pótpáncélzat kivágását a vezető kinézőnyílása felett és a toronykötény első ajtaján a reteszt. Különbséget a lánctalpak között találunk: ezen a képen tömör vezetőfogas lánctagok vannak a harckocsi futóművén, a másikon áttört változatúak.

Another Krupp G of a similar age, this time on the Southern front in Italy. A Commonwealth tank crew pick through the wreck for souvenirs. Common features across both vehicles are; the three Schürzen bolts, a cut-out still above the driver's visor although the binocular vision holes are plugged and the latch mounted on the front Schürzen door. Where there are differences are in the style of track links here we see solid guide-horns whereas opposite they are hollow, which is a regular occurrence.

RGAKFD

Nem látható álcázófestés ezen a kései gyártású Ausf. G-n, csak a kisméretű toronyszám és a gyárilag felfestett hasábkereszt töri meg a sötétsárga szín egyhangúságát. Az antennát már áthelyezték a motortér bal oldalának hátsó, felső részére, ami alapján a páncélos felépítményének túloldalán ott kell lennie a szűrőnek. Ezt a változtatást gyakran az Ausf. H megjelenéséhez kötik, valójában azonban már a kései Ausf. G gyártása során felbukkant 1943 májusában.

No apparent evidence of a camouflage scheme application to this late Ausf. G, only the small turret number and factory applied Balkenkruez break up the monotony of the overall dunkelgelb. The aerial has been moved to its fixed upright position on the left rear of the engine side, which indicates the filter had been fitted to the right superstructure side. Although often thought as a distinguishing H feature this move occurred on late Ausf.Gs during production in May '43.

Thomas Anderson Collection

Ez a korai Ausf. H a darura függesztett váltóművével és szétszedett kihajtásával nem megy mostanában sehova. A daru egy átalakított Pz.Kpfw. 38(t) alvázára lett felszerelve. Az Ausf. H-nak mind a felépítményén, mind a páncéltest elején csavarozott páncélzata volt. Utóbbin arról lehet felismerni, hogy a tartalék lánctalp meg van bontva a középső csavarok miatt. A sárvédő tartója – ami segíthet a beazonosításban – takarásban van, de a fordítva felhelyezett lánctalp a Nibelungenwerke-re utal. Ez a gyakorlat az Ausf. H gyártása során egyre kevésbé fordult elő.

With its gearbox hanging precariously and its final drives disabled this early Ausf. H is going nowhere fast. The crane itself is mounted on a converted Pz.38(t) chassis. The H has bolted armour to both superstructure and hull fronts. On the hull it can be identified by the splitting of the track links to accommodate the central bolts. The fender bracket is covered which could have helped identification but the Nibelungen reversed tracks still feature. This practice dwindled in H production.

Thomas Anderson Collection

Egy kései Vomag és egy korai, feljavított Nibelungenwerke Ausf. G fordított lánctalppal. Figyeljük meg a szállított 200 literes hordókat! A kései Ausf. G toronykötényén a három csavar közül a középső előrébb van, ami egyértelművé teszi, hogy a Vomag gyártotta. A hátsó páncéloson a harmadik köténylemez rövidebb, úgy tűnik, egy StuG. III-ról kölcsönözték. Szintén megfigyelhető a korábbi L/43-as és a későbbi L/48-as lövegek hosszúsága közötti különbség. A toronykötényre festett ágaskodó lován ülő Savoyai Jenő a 33. páncélosezred jelvénye.

A late Vomag Ausf. G and an upgraded early Nibelungen G with reversed tracks. Note the 200l oil drums being carried. On the late Gs Schürzen the middle of three bolts is stepped forward, on the left side, which is a clear Vomag indicator. The third shield on the rear G is shorter, it looks like it has been 'borrowed' from a StuGIII. Also visible is the difference in length between the earlier L43 and later L48 barrels. The rearing 'Prinz Eugen' horse on the turret Schürzen is from Pz.Rgt.33.

Bundesarchiv

A toronykötény nyitott ajtaja tisztán láthatóvá teszi a Nibelungenwerke által a korai Ausf. H-kon használt tartót. A korábban „kései" jegyként beazonosított marker kifejezetten erre a gyárra volt jellemző, a „korai" változat valójában a két másik gyár jellegzetessége. A kiegészítő páncélzat helyett 1943 június-júliusában már egyetlen 80 mm-es páncéllemezt alkalmaztak: itt ilyet láthatunk a felépítményen. A páncéltesten még csavarozott páncélzat van, emiatt még megtalálható a lyuk a sárvédő tartóján. A hátsó tartó az emelő mögött van (lásd a 28. oldalon!).

With the doors swung open the Schürzen bracket adopted by Nibelungen in early Ausf. H production is very clear. Previously known as 'late' this design is specific to that factory, the 'early' type was actually specific to the other two. Additional armour was replaced with solid 80mm plates during June/July, seen here on the superstructure. The hole in the fender support was left over from the bolted plates (still bolted on the hull). The rear bracket is mounted at the back of the jack (page 28).

Péter Kocsis Collection

Az 1. páncélosezred Trieszt kikötőjében, 1943 szeptemberében. Az Ausf. H a Nibelungenwerkenél készült, csavarozott páncéltesttel, hegesztett felépítménnyel és „S" vonószemmel. A háttérben szintén egy Nibelungenwerke gyártmányú Ausf. H áll, ennek azonban mindkét frontpáncélzata csavarozott. Az első és utolsó köténylemezek be vannak hajlítva. Ez a jellegzetesség, akárcsak a páncélos farára helyezett farönk és a kisméretű, világos harcászati azonosítószámok (a képen nem látszanak) az ezred ismertetőjegyei közé tartoztak.

Pz.Rgt.1 at the port of Trieste in mid-September '43. It went there as part of the occupation of the region, sent to suppress the uprising that followed the Italian armistice. The lead vehicle is a Nibelungen H with bolted hull, welded superstructure and S-hooks. Behind it is also another Nibelungen H but with both frontal surfaces bolted. The end schurzen plateis bent in, a unit feature, as was the log on the rear and the small bright numbers with a darker outline (not visible here).

Thomas Anderson Collection

Pihenő Észak-Olaszországban. Az 1. páncélosezred páncélosának az azonosítószáma körül, a szemközti oldalon látható páncélostól eltérően nincs sötétebb szegély. A római szám alapján a harckocsi az ezredtörzshöz tartozott, és ezen is látható a farönk. Ennek a Nibelungenwerke által gyártott korai Ausf. H parancsnoki kupolájának hátrafelé nyílik a zárófedele, és a járműről készült többi fényképen látható, hogy csavarozott páncélzata volt. A kupolára már rögzítették a légvédelmi géppuska állványát, amely ekkor került először gyárilag a Pz. IV-ekre.

A rather serene scene in Northern Italy. The turret numbers on this Pz.Rgt.1 Ausf. H do not have the thin dark outline of the unit opposite and the inclusion of Roman numerals may indicate a vehicle from a Stab unit. It does still carry the log seen opposite. This Nibelungen produced early H has rearward opening cupola and other images show bolted armour. One of the new style AA mount for the coaxial MG34 is on the cupola ring, the first time a standardised AA mount was seen across production.

NARA

Az amerikai 230. (főszállásmesteri) zsákmánygyűjtő század katonái egy korai Pz.Kpfw. IV Ausf. H-t bontanak szét az olaszországi Ciaizzo körzetében, 1944 februárjában. A járműnek mind a páncéltestén, mind a felépítményén csavarozott pótpáncélzata volt, a lemezek leszerelésével láthatóvá váltak a rögzítésükre szolgáló csavarok. Említésre méltó az antenna bedugaszolt csatlakozási pontja a felépítmény oldalán és a még meglévő oldalsó kinézőnyílások. Ebben az időszakban ez utóbbiakat csak a Vomag és a Krupp alkalmazta.

An early Ausf.H being dismantled by 230th Quarter-Master Salvage Colletion Company in the Ciaizzo area of in Italy, Feb '44. With its additional armour removed the securing bolts are visible. This vehicle had bolted armour on both hull and superstructure fronts. Other relevant features are the plugged aerial opening on the superstructure side and the side vision ports that are still in place. Nibelungen had deleted these at this stage of production, which could point to Vomag or Krupp production.

NARA

Péter Kocsis Collection

A farpáncélra szerelt három tartalék lánctag hiánya alapján ezt a Pz.Kpfw. IV Ausf. H-t sem a Nibelungenwerke gyártotta. Egy Vomag jellegzetesség egyértelműen felismerhető: a páncéltest kötényezésének egyetlen látható tartóelemének egyszerű belső merevítése van. Ezt általában csak a jobb oldalon használták a második tartó esetében, a Vomag azonban a bal második és harmadik elemként is alkalmazta. Érdekes a toronykötényzet alsó peremére erősített, fából készült terelő. Ezen a páncéloson az antennát már áthelyezték a motortér bal oldali végére.

The lack of three track links on the rear plates indicates this Ausf. H is not built at Nibelungen. However there is one Vomag feature evident; the visible superstructure Schürzen bracket is the type with the solid support infill. This was commonly seen only on the front middle station on the right but Vomag uniquely also used in it on the two middle stations on the left. Of note is the wooden earthingstrip on the lower edge of the Schürzen even though the aerial is now moved.

Ez a teljesen kiégett Pz.Kpfw. IV egyike azon korai Ausf. H-knak, amelyekre a II. sorozatú páncéltest-kötényzetet szerelték, de ugyanakkor még nem látták el zimmerit bevonattal. Ezeket a módosításokat 1943 szeptemberében kezdték el alkalmazni. A bevezető II. sorozatú kötényzet két szimmetrikusan rögzített tartósínjén háromszög alakú akasztófogak voltak, amelyeken a felakasztott köténylemezek kis mértékben el tudtak mozdulni, ha nekiütődtek valaminek.

This totally burned out Nibelungen carcass is one of the few early Ausf. H to bee seen with series II hull Schürzen mounted but not have Zimmerit applied at the same time. The month of September 1943 was to see the introduction of both these features. Initial series II Schürzen had triangular teeth on all stations of a symmetrical hanging rail. This new design created space for the shields to move a little on their loops, in response to a hit, rather than immediately falling off.

Péter Kocsis Collection

1944 elején a 4. pc.ho. 35. páncélosezredének állományába tartozó Pz.Kpfw. IV-ek között számos vegyes kivitelezésű, feljavított példány állt szolgálatban. Ahogy ezt a következő képeken is láthatjuk, a járművek egyes elemei különböző gyártási időszakokra utalnak. Itt egy 1943 elején, a Nibelungenwerke-nél gyártott Ausf. G-t vehetünk szemügyre, amelyet a Vomag-ra jellemző feljavításokkal láttak el: a köténylemezre zimmerit bevonat került és a II. sorozatú páncéltest kötényezést kapott. Mindkét jellegzetességet 1943 szeptemberétől alkalmazták.

During early 1944 many of the Pz.IVs assigned to Pz.Rgt.35 - 4.Pz.Div. were a mishmash of upgraded vehicles. As we see here and in some of the following images the elements on the vehicles date from various time periods. The basic vehicle here is an Ausf. G from early 1943 Nibelungen production. It was upgraded with Vomag style, zimmerit covered Schürzen and initial Series II hull Schürzen both dating from September 1943 production.

A 35. páncélosezred vegyes kialakítású járműve Kovel térségében. A korábban gyártott torony egy későbbi páncéltestre került. Látható az Ausf. H öntött kihajtása és a páncéltest 80 mm-es lemezből készült frontpáncélzata, a parancsnoki kupola azonban a korábbi, kétfelé nyíló zárófedéllel rendelkezik. Valószínűleg nem egy feljavított példányról van szó, hanem toronycseréről. A „213" toronyszámú páncéloson sötétebb a medve, mint a szemközti oldalon látható harckocsin. A páncélosezred századonként eltérő színt alkalmazott a jelzés felfestéséhez.

Another mixed up vehicle from Pz.Rgt.35, with an earlier turret fitted on a later chassis. There are clearly cast H drives on a chassis with solid 80mm frontal armour but the cupola had an older split hatch. Rather than an upgrade this looks like it could have been a turret swap. Turret number 213 has a darker bear than opposite, the Regiment used different colours to indicate which Kompanie vehicles belonged to. These images come from the unit's involvement in the relief of the Kovel.

Péter Kocsis Collection

Egy Vomag gyártású Ausf. G. Amelyet 1943 nyarán feljavítottak. A toronykötényzet nyitott tartókeretébe a személyzet felszerelései vannak bezsúfolva. Bár a páncélos már jó egy éve szolgálatban áll, még mindig a korai L/43-as löveggel rendelkezik. A kezelőszemélyzet jelentős mennyiségű lánctagot halmozott fel a jármű elejére és tetejére. Ezt az eljárást hivatalosan nem támogatták, mivel a lánctagok úgynevezett „találati csapdát" képezhettek. A harckocsizók számára ugyanakkor némi biztonságérzetet adott; még ha csalóka is volt ez a tudat.

A Vomag Ausf. G that was upgrade in the early Summer of 1943, the open Schürzen brackets of this previously discussed field upgrade are seen stuffed with the crews belongings. In service a year later it still has the early L43 gun. The crew has layered a significant number of track links on the forward and upper surfaces. A practice that was officially discouraged, as they could act as shot traps but which clearly gave crews a sense of security, no matter how false.

Péter Kocsis Collection

A „301"-es Pz.Kpfw. IV (a 66. oldalon látható páncéloshoz hasonlóan) fordított kivitelezéssel készült a 65. oldalon szereplő harckocsihoz képest: a kései Ausf. G tornyot egy korai Ausf. G testére helyezték fel. A ködfejlesztő tartóit még a páncéltest farára szerelték. A sárvédők szélén egy ritka, Ausf. H jellegzetességet fedezhetünk fel: a köténylemezek támasztékai közé egy vékony falemezt rögzítettek, amelynek azt kellett meggátolnia, hogy a felépítmény oldalai mögött felgyűljön a por. A sárvédő végén ennek a falemeznek egyik tartója látható.

Also seen in the background of page 66, 301 has the opposite combination to the one seen on page 65, it has a late G turret on an early G chassis. There are smoke discharger bracket still fitted to the engine rear plate. There is also a rare Ausf. H feature evident; mounted between the Schürzen supports on the fender's edge are narrow wooden planks. These were fitted to stop dust getting trapped behind the hull shields. The extra little bracket at the end of the fender is also a sign of these.

Gelders Archief

Ez a feljavított Ausf. G egy leszakadt csőhíd fogságába esett az arnhemi Westervoorsedjiken. A páncélos alakulatát gyakran a „Bielefield" páncélos pótezredként (Panzer-Ersatz-Regiment „Bielefield") azonosítják, ez azonban téves. Valójában a „Mielke" páncélosszázad (Panzer-Kompanie „Mielke") állományába tartozott, amely nyolc (korai, ám utólagosan feljavított) Pz.Kpfw. IV-sel érkezett Arnhembe. A harckocsikat olyan szokatlan felületeken is lezimmeritezték, mint például a torony oldala, ami arra utal, hogy 1943 végén estek át a feljavításon.

This upgraded late Ausf.G was trapped below the fallen pipe bridge on Westervoortsedijk, Arnhem. Often described as being from a unit called Pz.Ers.Rgt. Bielefield, this is a misnomer and the unit was actually called Pz.Kp. Mielke. The Kompanie went to Arnhem with 8 PzIV all of which appear to have been early models upgraded to later specifications. They also carry Zimmerit in some unusual locations like turret sides, which may indicate an upgrade in late 1943.

Péter Kocsis Collection

Valószínűleg ugyanott, vagy legalábbis a közelben készült ez a fénykép. A páncéloson zimmerit-bevonat látható és Ausf. G meghajtókerék. A felépítmény és a páncéltest oldalát 1944 elején kezdték el újfent zimmeritezni. Ha a futómű – beleértve a hegesztett stoppereket – már a későbbi változat, mint a meghajtókerék, két eset lehetséges: a páncéloson a váltómű (és természetesen a meghajtókerék) kivételével teljes felújítást végeztek, vagy a megsérült váltóművet cserélték ki egy korábbi Ausf. G váltóművével.

Possibly in the same or nearby location this vehicle includes the application of Zimmerit to the superstructure sides but Ausf.G drive sprockets. Zimmerit on superstructure and hull sides was a feature reintroduced in early 1944. So, as all the running gear including the welded bump stops is later that the drive sprockets there are two options. A complete upgrade of everything other than the final drives or damaged final drives were swapped out for earlier Ausf. G versions.

NARA

Különböző gyártási szériákból származó Ausf. H-k érdekes gyűjteménye. A legközelebbi jármű a legkésőbbi, a Nibelungenwerke gyártmánya. Teljes zimmeritezést kapott (beleértve a felépítmény oldalait is), és érdekes a kör keresztmetszetű csőszájféke. Középen egy korai, mind a páncéltesten, mind a felépítményen csavarozott pótpáncélzatú Ausf. H, hátul pedig a (három közül) legkorábbi változat, amelynek a páncéltestén hegesztett, a felépítményén csavarozott pótpáncélzat látható. Az amerikai katonák a romok között robbanócsapdák után kutatnak.

An interesting collection of demolished Ausf. Hs from across the production run. The closest vehicle is from Nibelungen and is the newest. It has a full Zimmerit covering, including superstructure sides, also of interest is the muzzle brake with full circular baffles. In the middle an early H with bolted hull and superstructure armour and in the background, the earliest model whose hull armour is welded but bolted to the superstructure. US engineers are checking over the debris for booby traps.

Péter Kocsis Collection

Péter Kocsis Collection

Készült a Life magazinnak egy híres, színes fotósorozata a 26. páncéloshadosztály négy Pz.Kpfw. IV-ének roncsáról az olaszországi Lautivo közelében. Míg ezek a harckocsik igencsak alaposan dokumentáltak, fura módon az út túloldalán hátrahagyott két másik páncélosról ezen a felvételen kívül nem ismerünk más képet. A közelebbi jármű a Krupp egy korai Ausf. H-ja, amelynek a farpáncélján még kivehetőek a zimmeritezés nyomai, a másik a Nibelungenwerke által gyártott kései Ausf. G.

There is a series of famous colour photographs from Life Magazine that show a line of four wrecked 26.Pz.Div. Pz.IVs near Lautivo, Italy. As well as the colour series this group was heavily documented, strangely the two wrecks in this image are literally on the other side of the road and other than this image appear undocumented. The nearest is an Ausf. H from Krupp and there are traces of Zimmerit visible on the rear plate. Behind it is a late G from Nibelungen.

Péter Kocsis Collection

Szintén a 26. páncéloshadosztály egyik kilőtt Pz.Kpfw. IV Ausf. H-ja Olaszországban. A hadosztály jelzése a toronykötényen, a „623"-as harcászati azonosítószám mellett látható. A hátrafelé rögzített ásó (itt már csak a tartója látható) és a kötényzet csavarozása alapján a páncélos a Krupp gyártmánya. Az antenna áthelyezésével (a motortér bal hátsó részére) az eredeti nyílást lezárták, az oldalsó antenna-tároló sínbe pedig egy tartalék antennát helyeztek. A felépítmény homlokpáncélzatán látható a csavarozott kiegészítő páncélzat.

Another knocked out 26.Pz.Div. Pz.IV Ausf. H in Italy, the Divisional symbol can be seen on the turret Schürzen next to the number 623. It can be identified as Krupp by the spade facing rearwards and the Schürzen bolt pattern. With the aerial moved to the left rear the hole was plugged for a time and the trough was kept in place to store a spare aerial. Its bolted additional armour is visible on the superstructure front.

James Haley Collection

Az ezen a feljavított korai gyártású Ausf. G-n látható halszálka mintás zimmeritezést korábban tábori kivitelezésűnek tartották. Ezt megkérdőjelezi, hogy több, ugyanilyen páncélos található más alakulatoknál is, ráadásul az időkeret megfelel annak az időpontnak (1943. június), amikor a Kruppot megbízták az anti-magnetikus bevonat csapatpróbájával. Ugyanilyen mintázatú zimmeritezés látható a 4. páncéloshadosztály Ausf. G páncélosain (megemlítve a csapatpróbákra vonatkozó parancsban). A toronykötényre festett szív jelentését nem ismerjük.

The Herring bone pattern on this upgrade early G has been described as 'field applied' but has been seen on vehicles from different units which makes this unlikely and the time frame of its update also concurs with the period Krupp were tasked with field testing the paste. The order to commence troop testing came in June 1943. This pattern of experimental Zimmerit is also seen on 4.Pz.Div. Ausf. Gs a unit mentioned in the troop testing order. The significance of the heart is unknown.

Ezen a sárborította, Nibelungenwerke által készített Pz.Kpfw. IV-en számos szokatlan jellegzetesség látható. Az Ausf. G-ről származó kihajtás nincs szinkronban a gyártási idővel. Valószínűleg egy Ausf. H-t látunk, kezdeti mintázatú zimmeritezéssel és 80 mm-es páncélzattal, aminek minden bizonnyal egy korábbi gyártásúra cserélték a kihajtását. Rendkívül szokatlan, hogy a vezető kinézőnyílását és a lövegnyakat is zimmeritezték. A Nibelungenwerke a legelső példányok kivételével nem fedte le anti-magnetikus bevonattal a páncéltest elejét.

This mud bound Nibelungen Pz.IV has an unusual mix of features. The G final drives may be out of synch with the production date. It is likely an H with initial Zimmerit application and 80mm plates that has been repaired with older final drives. Its Zimmerit is unusual in that it is on the guns armoured sleeve and driver's visor. From a factory perspective, other than initial examples like this, Nibelungen did not apply paste to the hull front.

Péter Kocsis Collection

Ezen a Ausf. H-n rendkívül szokatlan zimmeritezés van. Bárkinek, aki valaha csempézte a saját fürdőszobáját, ismerős lehet ennek a mintázatnak az elkészítése. A gyárak, mielőtt ráálltak egy adott, korai mintázat alkalmazására, számos különböző változatot használtak. Az I. sorozatú köténytartósín, a szűrő és az antenna alapján ez a Nibelungenwerke egyik korai kísérlete az anti-magnetikus bevonat felvitelére. A „818"-on az említett gyártó által ekkortól alkalmazásra kerülő központi hátsó vonószem látható.

This Nibelungen Ausf. H carries a very unusual wavey Zimmeit pattern. Anyone who has tiled their own bathroom will be familiar with how this pattern may have been made. Until settling on a specific style early experimental application of Zimmerit across all factories was very varied. The combination of the series I Schürzen rail, filter and aerial trough indicate this is early Nibelungen experiment. 818 also has the new design of rear central tow point used by Nibelungen from this period onwards.

Péter Kocsis Collection

Még egy kilőtt Ausf. H, ugyanolyan kísérleti, korai Nibelungenwerke zimmeritezéssel, amely azonban csak a felépítmény homlokpáncélzatán látható. A gyártó megállapításának kulcspontjai jelen esetben a lyuk a sárvédő jobb oldali tartóján, illetve a toronykötényzet tartóinak kialakítása. Bár maga a tartósín és a tartókarok hiányoznak, a sárvédő szélére szerelt rögzítők alapján a páncéloson I. sorozatú kötényzet volt. Érdekes, hogy a lánctagokon kapaszkodó sevronok és áttört vezetőfogak vannak.

Another knocked out Ausf. H with the same Nibelungen early experimental Zimmerit pattern, only visible on the superstructure front plate.The hole in the fender support bracket, as well as the design of the turret Schürzen brackets are key factory indicators. Although the hull Schürzen rails and brackets are missing the fender fixing point are still in place and show that series I hull Schürzen was fitted. It is interesting to note the tracklinks have both chevrons and open guide horns.

Péter Kocsis Collection

Újabb korai példánya a zimmeritezett, I. sorozatú kötényzetnek, sűrűbb mintázattal. Az átállás a csavarozott pótpáncélzatról a 80 mm-esre nem egységesen történt. A képen egy Krupp gyártású Ausf. H látható, amelynek a felépítmény homlokpáncélzata már az új, 80 mm-es lemezből készült, míg a páncéltest elején még csavarozott kiegészítő páncélzat van. Ugyanezen kombináció látható a páncélos-tanhadosztály egy másik, Vomag gyártású, zimmeritezés nélküli páncélosán. A jobb sárvédőn az oda rögzített két pót lánctag egyike fedezhető fel.

Another early example of Zimmerit with series I shields, now a tighter pattern is used. As previously mentioned the change over from additional bolted armour to solid 80mm plates was not uniform. Here a Zimmerited Krupp Ausf. H has solid superstructure front and bolted hull front. This combination is seen without Zimmerit on Vomag Pz.IVs within the same Pz.Lehr unit. The individual track link on the right fender was one of two in that location.

Thomas Anderson Collection

Még egy szokatlan mintázatú zimmeritezés, amely – itt egy Nibelungenwerke gyártmányon – beleillik a korai Ausf. H-k jellegzetességeinek sorába. A kötényzet a II. sorozatú változat, kezdeti fajtája, amelyen az akasztófülek teljes háromszöget formáztak, és az első kötényelem kivágás nélkül készült. Miközben a gyárak kidolgozták a zimmeritezésre vonatkozó utasítás végrehajtásának legjobb módját, az némileg véletlenszerű mintázattal készült, és eltérő felületeken. Az első szériáknál a bevonat a páncéltestre és gyakran a toronykötényzetre került.

Once again an unusual Zimmerit pattern coincides with early Ausf. H features, here on a Nibelungen product. The Schürzen is of the initial style of the second series, with full triangles on all stations and solid front plates. As the factories worked out the best way to fulfill the needs of the order early factory application of Zimmerit did seem to be a bit random in pattern and location. Initial batches often included a covering of hull and more commonly turret Schürzen.

Fortepan

Kísérteties hely egy családi portréhoz. Ez a roncstemető már a háború után alakulhatott ki. A torony zimmeritezésének ilyetén való kivitelezése – nemcsak a homlokpáncélon, hanem oldalt is – nagyon ritka volt. Ez a páncélos nagy valószínűséggel egy korai Ausf. H volt, amit visszavittek a gyárba teljeskörű felújításra. A motortér oldalán lévő hűtőkre erősített függőleges rudak erre utalnak, és leginkább a Wirbelwind légvédelmi páncélosok építéséhez felhasznált járművekre volt jellemző; ugyanakkor azt, hogy ezek mi célt szolgáltak, még nem sikerült kideríteni.

A rather macabre location to set up a family portrait. This vehicle graveyard looks post war. Applications of Zimmerit, like this, to the turret on areas other than the front plate is very rare. There is a good chance this is an early H that has been returned to the factory for rebuilding. The presence of bars on the engine vents was sometimes symptomatic of this process and is common on reconstituted hulls used in Wirblewind production but the reasons for this practice is unknown.

Péter Kocsis Collection

A II. sorozatú kötényzet körvonalai tisztán kirajzolódnak a hóban. A háromszög alakú akasztóknak és a hosszabb távtartóknak (a sárvédő peremén) köszönhetően a köténylemezek kis mértékben el tudtak mozdulni, ha nekiütköztek valaminek, csökkentve a sérülés esélyét. A torony kötényezésének zimmeritezését azt követően is alkalmazták, hogy a páncéltest lemezeire már nem került bevonat. A képen felismerhető a Nibelungenwerke négy vízszintes sávban felvitt függőleges mintázata, ahogy a gyárra jellmező tartóelem is.

The silhouetted series II Schürzen are clear against the snow, their triangular teeth and the longer fender attachments for hoops allowed the shields the possibility of a couple of centimeters of movement before they were lost from impact with terrain. Early Zimmerit application continued to include the turret shields after the hull ones were not covered. Here the Nibelungen style of 4 horizontal bands consisting of vertical grooves is just visible, as is the factories bracket design.

Péter Kocsis Collection

A jobb oldali sárvédőn látható egyetlen tartalék lánctag alapján ez egy Krupp gyártású jármű. Akárcsak a gyár legtöbb korai gyártású páncélosán, a zimmeritezés itt is viszonylag mély rovátkolású. A toronykötényezésen a Nibelungenwerke megoldásához hasonló a zimmeritezés, de itt hat keskenyebb sorban láthatóak a függőleges minták. A jobb oldalon a II. sorozatú köténytartó sínen a két első háromszög már csonkított, míg a bal oldalon még az eredetiek láthatóak. Jól megfigyelhető a toronykötény hátsó ajtószárnyának átfedéses kialakítása.

The presence of an individual tracklink on the right fender tells us this is a Krupp vehicle. Its Zimmerit pattern is quite deep as was most early Krupp application. The turret Schürzen pattern also consists of horizontal bands of vertical marks but unlike Nibelungen Krupp applied 6 narrower bands. On the right side the series II rail has the first two triangles cut down whereas on the left side they are still all complete. A good view of the overlapping mounting of the rear Schürzen door.

A Krupp páncélosain a tartalék futógörgők bal odlalon található tárolója mögé is rögzítettek egy tartaléklánctagot. Ezen az Ausf. H-n egy kivételével már az összes futógörgőn préselt borítás van a kerékagyakon, de még a régebbi stopperrel és gumi borítású visszafutógörgőkkel szerelték. A 78. oldalon valószínűleg hasonló kialakítású futóművet láthatunk. A futómű felújítását gyáranként különböző utasítások alapján hajtották végre. A sárvédő elején néhány szokatlan tárgy is felfedezhető, ezek valószínűleg a fotós kellékei lehettek.

Another individual track link was mounted behind the spare wheel-bin by Krupp. This Ausf. H has the new pressed hubcaps on all but one wheel but still carries older bump-stops and rubber return rollers. See also page 78 for a possibly similar combination of running gear. The upgrade of running gear occurred in a different order from factory to factory. Some unusual objects sit on the front of the fender, they probably belong to the photographer.

RGAKFD

Hátrahagyott Pz.Kpfw. IV-ek az ukrajnai Umanyban, 1944 márciusában. A kötényzet első tartójának csavar elrendezése alapján ez az Ausf. H a Vomag-nál készült. A torony front-páncélzatának zimmeritezése keskeny függőleges sávokban felvitt vízszintes rovátokból áll, ami nem megszokott látvány. A vonószemek alatt felületen is található zimmerit, magán a frontpáncélzaton azonban nem. Említésre méltó a parancnsoki kupola zárófedelének nyitási iránya, amely gyakran látható az ebben az időszakban készült járműveken.

A collection of abandoned Pz.IVs in Uman, Ukraine, March ‘44. Judging by the arrangement of the bolts for the first Schürzen bracket it is an Ausf.H from Vomag production. The turret front Zimmerit pattern is made from horizontal marks in narrow vertical bands, which is an unusual design. There are also small patches of Zimmerit under the tow points but not across the whole hull front. The direction the flat lying cupola hatch opens is of interest and often seen on vehicles of this period.

Közeli kép két műszaki mentésre várakozó, lerövidített lánctalpú Ausf. H-ról, amelyekre szűrőket szereltek. A háttérben lévő páncélos Nibelungen gyártmány. Az ásók (legalábbis azok tartóinak) elhelyezése azonnal felfedi a gyártók közötti különbséget, akárcsak a futóművek. A Nibelungenwerke gyártmányán feljavított stopper és fém visszafutógörgők vannak, de még hegesztett láncfeszítőkerékkel és öntött kerékagy fedelekkel rendelkezik, míg a Vomag futóművén nincsen feljavított elem. A harckocsik alakulata szokatlan hasábkeresztet festett a járműveire.

A closer view of the nearest two short-tracked Ausf. Hs that forlornly wait for recovery. Both have filters fitted, the background one is from Nibelungen. The direction the spade is mounted immediately shows a different between the two factories, as does the running gear. The Nibelungen has updated bump-stops and steel return rollers but still carries welded idler and cast hubs, whereas Vomag have not updated any elements of the running gear. This unit used an unusual hollow Balkenkreuz.

Péter Kocsis Collection

A Nibelungenwerke 1943 októbere és az év vége között állt át a standard kivitelezésre, ezt szemléltei ez a gyári új Ausf. H. A sárvédő átfúrt merevítő tartója továbbra is használatban maradt. A gyár zimmeritezése sekély vízszintes sávokban berovátkolt függőleges mintázatból állt, amelyek a tornyon követték a homlokpáncélzat vonalát. A pánctest elején nem volt antimagnetikus bevonat. Szintén a gyár jellegzetessége a kivágás a páncéltest kötényzetének első elemén.

Nibelungen's production settled down to a standard design during October that lasted for most of the rest of 1943. This factory fresh Ausf. H exhibits it. The fender support bracket with a hole continued to be used. Their zimmerit pattern consisted of shallow horizontal marks applied in vertical rows, on the turret these followed the edge of the front plate. The hull front was clean of zimmerit. One factory specific features not already described was the cut-out in the front Schürzen plate.

Péter Kocsis Collection

A torony kötényezésén négy vízszintes sávban, függőleges rovátkázással készült a zimmeritezés. A Nibelungenwerke volt az első, amely hegesztett stopperekkel, fém visszafutógörgőkkel és préselt kerékagy fedelekkel felújította a futóművet, illetve specifikusan ez a gyártó alkalmazta az öntött láncfeszítőkereket. A köténytartó sín két első háromszögét az összes gyár megkurtította, hogy az megegyezzen a köténylemez profiljával. A járműveket a gyárban egyszínű sötétsárgára festették, a lövegcsövet azonban csak szürke lakkal kezelték.

By contrast the turret Schürzen Zimmerit pattern consisted of four vertical bands of shallow vertical marks. Nibelungen was also the first factory to fully update the running gear; with welded bump stops, steel return rollers and pressed hubcaps and the Nibelungen specific feature of a cast rear idler. The first two triangles were cut down to match the profile of the shield by all the factories. Vehicles were painted overall dunkelgelb at the factory but the barrel was still left grey lacquer.

Péter Kocsis Collection

A páncélos-tanhadosztály hátrahagyott Pz.Kpfw. IV Ausf. H-ja a St. Lo-tól északra fekvő gazdaság területén. A toronykötnyzet is zimmeritezett, de annyira vékony, hogy a felépítmény oldalára felvitt bevonathoz képest nehéz észrevenni. Utóbbi vízszintes kivitelezésű és a szűrők megszüntetésével kezdték el alkalmazni: a szűrők helyére két sorban pót lánctagok kerültek. Erről a roncsról színes fénykép is készült, amelyen jól látható, hogy a harckocsi háromszínű álcázófestést kapott, amelyben némileg túlsúlyban volt a zöld.

A derelict Ausf. H from Pz.Lehr, left in the farmland North of St. Lo. There is Zimmerit applied to the turret Schürzen but it is very fine and hard to spot as is that on the superstructure sides. This was applied in horizontal marks and accompanies the deletion of the filter and swap to two rows of tracks links in that location. This wreck is also the subject or a rare colour picture that shows its three colour scheme is slightly more weighed towards the application of green.

Péter Kocsis Collection

A páncélos-tanhadosztály 130. páncélosezredének 5. századának két Pz.Kpfw. IV harckocsija St. Gilles utcáin. A kereszteződésért vívott ütközet jól dokumentált. Más fényképeken látható, hogy a közelebbi, Ausf. H toronyszáma „532" volt. Ezen a járművön fejjel hátrafelé rögzítették az ásót, tehát a Nibelungenwerke gyártmánya volt, míg az „535"-ös ugyanabban az időszakban (a kapcsos hegesztésű páncéltest bevezetése előtt), de a Vomag-é. Az utóbbi járművön öntött kerékagy fedelek vannak, és szokatlan módon öntött láncfeszítőkerék.

Two more PzIVs from 5./Pz.Lehr.Rgt.130 now on the devastated streets of St-Gilles, West of St-Lo. The loosers of this hotly contested crossroads are well documented. In other images the displaced turret show the nearest decapitated Ausf. H is 532, whose forward facing spade reveals a Nibelungen vehicle. Behind it is turret number 535, a Vomag production from a similar period, prior to the introduction of interlocking hulls. 535 however still carries cast hubs and unusually for Vomag cast idlers.

Bundesarchiv

Ezt a Pz.Kpfw. IV Ausf. H-t, amit egy Tiger E-vel együtt lőttek ki Villiers Bocage központjában, a Vomag gyártotta. Erre utalnak a köténytartó sín mindkét oldalon alkalmazott rögzítői és a toronykötényzet csavarozása. Ebből az időszakból ismert néhány Pz.Kpfw. IV, amelyeknek az első tartóján csak két-két csavar volt a három helyett. A tornyon a zimmeritezés függőleges sávokból áll, amelyeket vízszintesen rovátkáztak. A felépítményen ugyanilyen a mintázat, de ott keskenyebb függőleges sávokból áll.

Knocked out alongside a Tiger 1 in the centre of Villiers Bocage, this Ausf.H was produced at Vomag. The simple rail brackets used on both sides by Vomag, as well as the bolts on the turret Schürzen confirm the factory. There are some examples of Pz.IVs using only two bolts on the front station at this point. The Zimmerit pattern on the turret front consists of vertical marks in horizontal bands, on the superstructure front it is in narrow vertical bands.

Egy másik jármű, a tornyán ugyanazzal a mintázattal. A vezető kinézőnyílása felett megváltoztatott irányban felvitt zimmerit-mintázat szintén a Vomag jellemzője. Ennek a kései Ausf. H vagy korai Ausf. J-nek kapcsos hegesztésű páncélteste van. A toronykötényzet itt látható (korábban koraiként ismert) kivitelezését a Vomag alkalmazta. Szintén e gyár ezen időszakbeli megoldását jelzi, hogy a vontatókábeleket a farpáncél teljes szélességében erősítették fel. A fénykép 1944 szeptemberében készült, Falais-től délre.

Another vehicle with the same turret pattern. The change of direction of the marks above the driver's visor is also systematic of this settled Vomag Zimmerit design. This later production H or early J has an interlocking hull. The style of the turret Schürzen bracket show this design, previously known as early, was being used by Vomag far into production. Vomag also fitted the tow cables across the width of the rear plate at this time. This image is dated Sept '44 and was taken South of Falais.

Thomas Anderson Collection

A toronykötényzet középső tartóelemén látható ív annak a jele, hogy a páncélost valószínűleg közelharcfegyverrel szerelték fel. Ugyanakkor elképzelhető, hogy csak a helyét alakították ki a torony tetőlemezén, magát az eszközt nem szerelték be, a nyílást pedig lezárták. Mivel a közelharcfegyvert a szűrő mögé tervezték, a kötény tartójának rögzítési pontját át kellett helyezni a tetőlemezen. A tartót nem tervezték át, hanem behajlítva lerövidítették. Az embléma minden bizonnyal egy megfigyelő járművet jelöl, ennek megfelelhet a harcászati azonosítószám is.

The bend in the middle turret Schürzen bracket is a sign that the NDS has been fitted, although it is more likely this vehicle was prepared for the close defense weapon but the hole was plated over. Due to the location of the NDS behind the fan this brackets attachment had to be moved slightly, rather than redesign the bracket to accommodate this it was bent to fit. The unusual emblem may signify an observation vehicle, which the structure of the turret number supports.

Péter Kocsis Collection

A hiányzó bal oldali sárvédőnek köszönhetően jó rálátásunk van a páncélteknő megnövelt oldallemezére, amely a Nibelungenwerke által 1944 januárjában bevezetett kapcsos hegesztéssel hozható összefüggésbe. Bár a kései Ausf. H-kat szemből nehéz megkülönböztetni a korai Ausf. J-ktől, a torony oldalsó búvónyílásaira pillantást vetve az utóbbit ismerhetjük fel a hiányzó kinézőnyílás miatt. Ezt az Ausf. J-k gyártása alatt fokozatosan szüntették meg, még a kései gyártású járműveken is találhatunk kinézőnyílást, illetve behegesztett nyílást.

The loss of this wreck's left fender affords a good view of the extended hull sides associated with the new interlocking hull design introduced at Nibelungen in Jan '44. Although differentiating late Hs from early Js is hard from the front a glimpse of turret doors without vision ports allows a positive identification of the later. This deletion was gradual across J production, with a mix of doors with and without visors or visors with slits welded over common throughout late vehicles.

TsAMO

A kézzel felfestett hatos a szovjet zsákmánygyűjtó-bizottság jelzése, amellyel Magyarországon lajstromba vették a roncsokat a harcokat követően. Több szokatlan jellemző is található ezen a kései Ausf. H vagy korai Ausf. J harckocsin: a hasábkereszt a háború kései időszakát tekintve roppant nagy, a motortérre pedig két rudat erősítettek, valószínűleg kapaszkodó gyanánt a szállított gyalogság részére.

The hand painted 6 is a Soviet trophy mark, a means of recording the number of wrecks on the field after a battle. There a couple of unusual features on this late H early J; the Balkenkruez is very large for this period and a couple of brackets have been added to the engine deck.

TsAMO

Szemből tisztán látható a sekély, ám széles mintázatú zimmeritezés, amely a Nibelungenwerke jellegzetessége volt. A felépítmény homlokpáncélzatát, a váltómű feletti páncélzatot és még a sárvédő első elemét is bevonták vele, a páncélteknő elejére azonban nem került.

From the front the shallow but broad strokes of the Zimmerit pattern adopted by Nibelungen on late Hs is clear. It covers the glacis plate, the first panel of the fender but not the hull front.

NARA

Kései, Nibelungenwerke gyártású Ausf. H kapcsos hegesztésű páncéltesttel és vízszintes mintázatú zimmeritezéssel a felépítmény oldalán. Utóbbi durva felülete és a redők mélysége jól megfigyelhető a rávetülő napfény szögének köszönhetően. A tornyon, a felépítmény elején és a sárvédők négy-négy sávjában látható zimmerit-mintázat A Nibelungenwerke jellegzetessége volt, amit a gyártás sorának zömében ugyanígy alkalmaztak. Elég kijózanító lehetett az az erő, ami széttörte a torony bal első felét.

An example of a late Nibelungen Ausf.H with interlocking hull and horizontal Zimmerit on the superstructure sides. The light falls on this vehicle at an angle that reveals the rough nature of the paste, showing up the depth of the application well. The pattern on the turret, superstructure front and the four bands on the mudflapwas standard for Nibelungen production for the majority of its application window. The force needed to cracked open the left hand front of the turret is pretty sobering.

A számos hiányzó vagy sérült alkatrész miatt sok olyan jellegzetességet is megfigyelhetünk, amelyeket általában nehéz észrevenni. Ennek a korai Ausf. J-nek már a későbbi, egyszerűsített kialakítású zárófedél van az üzemanyagnyílásán, ami azt bizonyítja, hogy a Nibelungenwerke már korábban alkalmazta, mint azt eddig gondoltuk. Ez sokkal inkább gyári változtatásnak tűnik, mint az Ausf. H-ról Ausf. J-re való átállás következményének. A páncélteknőre és a felépítmény oldalaira zimmeritezés került, kivéve a tartalék futógörgők tárolójának részére.

With large sections missing or damaged some interesting and often hard to spot features are visible. This early J has the later simpler style of fuel-filler cap, evidence of it being adopted by Nibelungen earlier in the production run than previously thought. This could indicate it was a factory change rather than just being associated with late J production. Zimmerit has been applied to hull and superstructure sides, with the patch aft of the wheel bin not continuing past the Schürzen bracket.

Thomas Anderson Collection

A kapcsos hegesztésű páncélteknő bevezetésekor a Krupp kivonult a Pz.Kpfw. IV gyártásából. A legfőbb gyártó a Nibelungenwerke lett, a Vomag kisebb termeléssel vett részt a gyártásban. A Vomag által készített torony zimmeritezés hasonlított a Nibelungenwerke kivitelezéséhez, azzal a kis különbséggel, hogy keskenyebb sávokban mintázták be. A Vomag még azt követően is öntött kerékagy fedeleket használt, hogy a többi gyár már a préselt változatot alkalmazta.

When the interlocking hulls were introduced Krupp was moving out of Pz.IV production with Nibelungen now becoming the main manufacturer, with Vomag as its minor partner. Vomag's turret Zimmerit moved to a style similar to Nibelungen, following the profile of the front plate. Vomag Zimmerit application differed in the breadth of its bands, which were consistently narrower than Nibelungen's. Their use of cast hubcaps continued well after the other factories moved to the pressed version.

Pierre Tiquet Collection

A kései Ausf. H-k és korai Ausf. J-k gyártása során a Nibelungenwerke elhagyta a kivágást az első köténylemezről. Ez összefüggésben állt a felépítmény és a páncéltest további zimmeritezésével; igencsak ellentétes elképzelés az egyszerűsítést és hatékonyabb gyártást előirányzó tervek atmoszférájában. A toronykötényzet pereme felett látható a Nibelungenwerke egyszerűsített tartószerkezete, amely összehasonlítható a szemközti oldalon látható, nagy belső merevítővel készített változattal.

During later H and early J production Nibelungen dropped the cut-out in the front Schürzen plate. This occurred in conjunction with additional application of zimmerit to superstructure and hull sides, a move that seems counter-intuitive in a atmosphere of simplification and more efficient production times. The simpler brackets adopted by Nibelungen are visible just over the turret Schürzen and allow a comparison with those opposite that were still using the large infill.

NARA

Luneville, Franciaország, 1944 szeptembere. Tekintve, hogy a motorindító kurbli a nyílásba van helyezve, a páncélost valószínűleg aközben semmisítették meg, hogy az javítás alatt állt vagy épp műszaki mentésre várt. A harckocsi a lángrejtős kipufogó (Flammentöter), a lemez kötényzet és a farpáncélra a három tartalék lánctag helyett felerősített kampó alapján valószínűleg a Nibelungenwerke-nél készült 1944 augusztus-szeptemberében. Eszerint a farpáncélon és a hátsó sárvédőkön látható halvány foltok a lepattogzott zimmeritezés nyomai.

Photographed near Luneville, France in Sept '44. With its crank starter handle in place in the rear plate, this vehicle may have been destroyed while broken down and awaiting recovery. With (Flammentöter) exhausts, solid hull Schürzen plates (one of which can be seen resting on the remnants of the turret in the ditch) and three tracklinks dropped the possible Nibelungen production date is Aug/Sept '44, which means the pale areas on the rear plate and mudflap could indicate Zimmerit was applied.

A lángoló motor tüze elnyeli a kilőtt Pz.IV ausf. J-t. Az égbolton kirajzolódik a parancsnoki kupola elfordítható zárófedele, amelyet 1944 októberétől kezdtek el alkalmazni, ám korábban gyártott járművekre is felszerelték utólag. A harckocsit már hálós kötényzettel látták el, erről tanúskodik a tartóelem a jármű jobb hátsó részén, amely a kör keresztmetszetű, tartósínként szolgáló csövet rögzítette.

This image captures the ferocity of a raging engine fire as it engulfs this knocked-out J. The pivoting cupola hatch is picked out against the sky, this change to a version that pivoted up and opened flat occurred in Oct '44 but was also issued as a backdate. Mesh hull Schürzen would have been fitted and we can tell that by the item dangling from the rear bracket on the right of the vehicle. This attachment would have held the horizontal pole that replaced the rail system.

Egy klasszikus „előtte-utána" képpár az 1. páncélosezred „622"-es harcászati azonosítószámú Pz.Kpfw. IV Ausf. J-jéről, amelynek a jobb oldaláról már hiányzik a kötényzet. A páncélosezred 7. és 8. századában korábbi gyártású Pz.Kpfw. IV-ek harcoltak, a 6. század 1944 októberében kapott új harckocsikat. A kép segítségével összehasonlíthatjuk a járművek hátsó részének különbségeit, amelyek az 1944-es gyártás során változtak: a kipufogót, illetve, hogy a három tartalék lánctag helyére három akasztókampó került.

A classic pair of before and after images from Pz.Rgt.1. showing the same Ausf.J with turret number 622, which has lost its hull Schürzen from the right side. The image also shows that older Js appeared to be assigned to the 7th Kompanie (and 8th Kompanie also) whereas later production models to the 6th. With comparative views of the layout of their two rears the developmental changes during early '44 production can be studied. The exhaust swap and the move from three track links on the rear plate to three hooks.

Nehezen észrevehető, de a toronykötényzet első elemének legelső, háromszögletű elemén felfedezhető az 1. páncéloshadosztály tölgyfalevél jelzése. A Pz.Kpfw. IV-ek vegyes csoportját egy fagyott út mentén hagyták hátra valahol Magyarországon, 1944-1945 telén. A kései gyártású „622”-es előtt és mögött két kései Ausf. H vagy korai Ausf. J látható. A késői gyártású páncélos tornyának tetőpáncélzatán megfigyelhetjük a szellőző páncélozott védőburkolatát, rajta az stabilizált iránytű (Orterkompass) rögzítőjével.

Although hard to spot the unit's emblem of an oak leaf is applied to the front left triangular plate of the turret Schürzen. This mixed group of Pz.IVs were abandoned on the frozen roadside during the fightings in Hungary in the Winter of '44-45. The late production Ausf. J (622 seen opposite), is flanked by two late Ausf.Hs / early Js. The later J has an up-armoured roof fan with an Orterkompass mount fitted to it, all that remains of its wire Schürzen is the bare pole that was the main rail.

Péter Kocsis Collection

Egy heves belső robbanás szétszakította a tornyát és kirobbantotta a teknő oldalát ennek az Ausf. J-nek. Az irányzó kinézőnyílásának megszüntetése egyike volt az Ausf. J fejlesztése során végrehajtott számos, hatékonyságot elősegítő lépésnek. Ez a megoldás a háború végi gyártás során szakaszosan bukkant fel, valószínűleg a gyárak és a szállítási útvonalak bombázása okozta ellátási problémák miatt.

A massive internal explosion has fractured the turret of this mid production Ausf. J and split the hull side away. Turret front plates with the vision ports for the gunner deleted were one of the many efficiency moves associated with J development. For reason probably associated with interruptions, caused by bombing raids at the factory and on its supply lines, the implementation of this change appeared only intermittently throughout late production.

Péter Kocsis Collection

A torony lerobbant tetőpáncélzatán megfigyelhetjük a közelharcfegyvert (közvetlenül a torony oldalának felső pereme felett) és a szűrőventillátort (a közelharcfegyver felett), illetve a lövegcső belső rögzítőjét (nagyjából egyvonalban a szűrővel). A lemezen látható sötétebb kontúr a löveg bekötési pontjának nyoma. A tartalék futógörgők tárolójának oldalára 1944 júliusától került át a két csavarkulcs. Valószínűleg a toronykötényzet hátsó elemén látható tisztán kivehető találat okozta a páncélos végét.

With the turret roof peeled open the internal workings of the fan and NDS (close defense weapon) are revealed. Other features are the internal turret lock and the paint outline showing the void where the two main supports for the gun brackets were attached. On the sides of the spare wheel bin are the two spanners, moved to this position in July '44. The clean penetration in the rear turret Schürzen plate is most likely the cause of this vehicles demise.

Thomas Anderson Collection

A „711"-es harckocsit az úgynevezett „Licht und Schatten" (fény és árnyék) álcafestéssel látták el. A gyakran „ambush" (lesállás) mintának nevezett festést csak rövid ideig, 1944 szeptember-októberében alkalmazták a gyártók. A képen a Nibelungenwerke változata látható, amelyen a pöttyök nagyobbak voltak a többi gyár kivitelezéséhez képest. A parancsnoki kupola hátrafelé nyíló zárófedele laposabb szögben áll a szokásosnál. Ezt a rúgós zsanérral készült megoldást csak 1944 októberében gyártották, átmenetként az elfordítható zárófedél bevezetéséig.

711 is finished with the 'Licht und Schatten' (light & shade) camouflage scheme. Referred to as 'ambush' in common and modeling vernacular it was a short-lived scheme applied to many vehicle types during Sept/Oct '44. This is the Nibelungen version, which had larger dots than others. The rearward opening turret cupola hatch lies flatter than standard, which indicates a version fitted in Oct'44 only, with an altered springing hinge. It was a brief interim design prior to the pivoting style.

Thomas Anderson Collection

A háború e szakaszában már a gyári álcázófestések alkalmazása vált általánossá, ám ez a Luftwaffe meggyengülése miatt nem bizonyult elegendőnek. Emiatt a páncélosoknak folyamatosan az eget kellett vizslatniuk a szövetséges légierők vadászbombázói (a német katonai szlengben „Jabo") végett. Ennek köszönhető a képen is látható, gondosan elhelyezett álcaháló, bár többnyire célszerűbb volt a könnyen hozzáférhető helyi növényzetből elkészített álcázás. Sajnos a háló – bár látványos – eltakar előlünk szinte minden részletet.

At this point in the war well considered factory applied camouflage schemes were the norm but with the Luftwaffe cowed that alone was no longer enough. Therefore late war panzers had to constantly consider the looming threat from Allied fighter-bombers known as 'jabos". Hence the addition here of a well-structured camouflage net but more often than not it was more expedient use of local foliage that came to hand. Although an interesting subject the net does obscure most detail.

Péter Kocsis Collection

Egy kései Ausf. J. A páncélteknő oldallemezeit elöl és hátul megnövelték, és a túllógó részt átfúrva alakították ki a vontatónyílásokat. Ennek a páncélosnak is hiányzik a torony frontlemezéről a kinézőnyílás. Azokon a késői Ausf. J-ken, amiken még megvan a nyílás páncélozott védőfedele, magát a nyílást valószínűleg behegesztették. Az alvázszámot a sárvédő tartójára festették (jellemzően a Nibelungenwerke-nél), de nem lehet kiolvasni. A sárvédő peremén láthatjuk a kettős rögzíthetőségű hálós köténylemezek bonyolult tartóelemét.

A late J with extended and drilled hull sides, which created both front and rear towpoints. As with the earlier J on page 104/105 the turret front plate is solid. If late Js still have the armoured cover for the vision port in place it is most likely welded shut. This vehicles Fgst.Nr. was applied to the fender support bracket, as it regularly was by Nibelungen, unfortunately in this case it is illegible. On the fender's edge we see the complicated nature of the dual locating Schürzen supports.

Péter Kocsis Collection

TsAMO

A kései Ausf. J-ken szokatlan az öntött láncfeszítőkerék, mivel a gyártás során visszatértek a hegesztett változathoz. A nagyon kései példányokon azonban ismét felbukkantak, márpedig ez a példány a toronykötény hátsó ívére erősített mérgesgáz-jelző panel alapján a legutolsó gyártási szériába tartozik. A páncéltest középső kötényelemének alján látható fémlemez a 106. oldalon szereplő páncélosról hiányzik. Ugyanezen a rácson a két négyzet alakú kivágás az üzemanyagtöltő nyílásokhoz való hozzáférést biztosította.

Cast idlers are unusual on late Js as production had reverted back to the use of welded ones. On very late models they did make a reappearance and the presence of a gas detector plate on the turret Schürzen rear points to this final production. The metal bottom edge on the middle section of the Schürzen is missing on page 106. It also has squares cut to allow the crew access to the fuel caps.

A SOROZAT EDDIG MEGJELENT KÖTETEI
AVAILABLE IN THIS SERIES

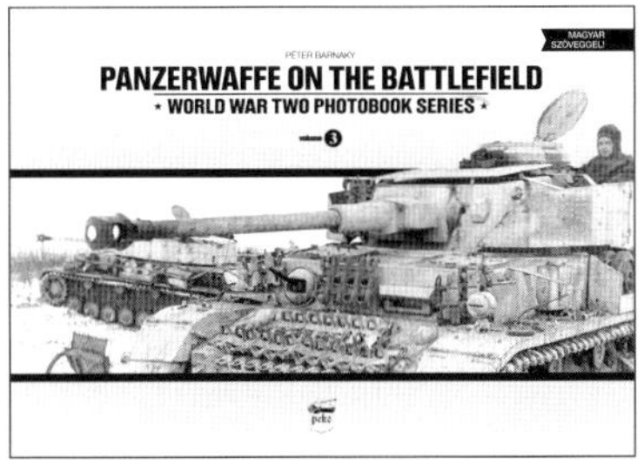

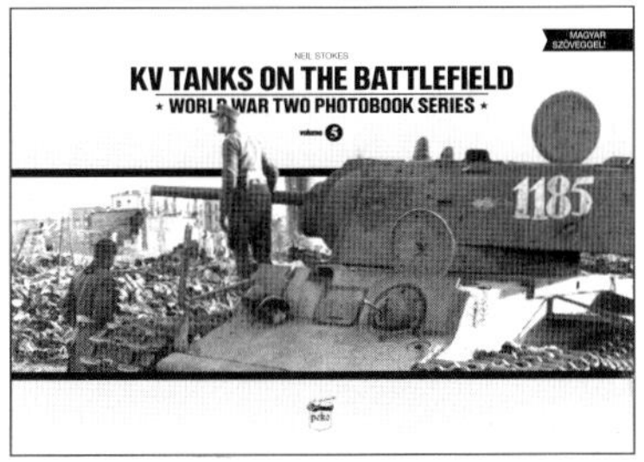

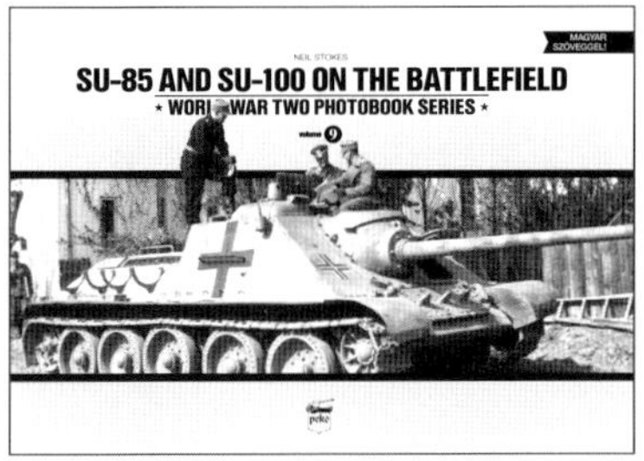